Erbe des Belcanto

Cornelius L. Reid

Erbe des Belcanto

Prinzipien funktionaler Stimmentwicklung

Mit einem Beitrag von
Carol Baggott-Forte

Herausgegeben und übersetzt von
Leonore Blume und
Margaret Peckham

Mainz · London · Berlin · Madrid · New York · Paris · Prague · Tokyo · Toronto

Bibliografische Information der Deutschen Nationalbibliothek
Die Deutsche Nationalbibliothek verzeichnet diese Publikation
in der Deutschen Nationalbibliografie; detaillierte bibliografische Daten
sind im Internet über http://dnb.d-nb.de abrufbar.

Bestellnummer: ED 8743
ISBN 978-3-7957-8743-1

www.schott-music.com
www.schott-buch.de

Studienbuch Musik

Lektorat: Sabine Bayerl
Coverfoto: Jekaterina Siourina als Gilda in Giuseppe Verdis „Rigoletto“,
Savonlinna 2002, © culture-images/Lebrecht Music & Arts/Matti Kolho
Satz: Wolf Typo-Studio GmbH, Mainz
Druck und Bindung: Strauss GmbH, Mörlenbach

Printed in Germany · BSS 53522

Inhalt

Cornelius Reids von natürlichen Grundsätzen geleitete Disziplin,
seine Leidenschaft für die menschliche Stimme
und seine wissenschaftlich fundierte Annäherung
an die Gesangspädagogik haben mich und vielleicht noch Tausende
anderer Sängerinnen und Sänger nachhaltig geprägt.
Reids Forschungen und seine sensible Art zu unterrichten,
ermöglichen es, die Richtlinien und Ziele unseres Lebens neu zu bestimmen, um
gut informierte Gesangslehrerinnen und -lehrer zu werden.
Dass er sein Wissen unermüdlich im Unterricht vermittelte
und in seinen Schriften und Büchern festhielt,
ist ein besonderer Glücksfall und ein Vermächtnis für die Zukunft,
wofür es keine Parallele in der Geschichte der Gesangspädagogik gibt.

Carol Baggott-Forte

Vorwort

Das Verdienst von Cornelius L. Reid (1911–2008), einer der berühmtesten und bedeutendsten amerikanischen Gesangspädagogen, ist die Wiederentdeckung und pädagogische Umsetzung der alten Belcanto-Technik für die Stimme, verbunden mit den neuesten medizinischen und anderen wissenschaftlichen Forschungsergebnissen.

Das vorliegende Buch beleuchtet und differenziert in verständlicher Weise Thesen, Fragen und Antworten zur funktionalen Stimmforschung durch Cornelius Reid und ist nicht nur als Informations- und Nachschlagewerk zu verstehen, das Hilfe auf dem Weg durch den Dschungel von Begriffsdefinitionen bietet und klare Antworten gibt, sondern als Leitfaden für Pädagogen im Stimmunterricht gedacht. Stimmpädagogische Konzepte der Belcanto-Epoche wurden durch Cornelius Reid neu erforscht, evaluiert und für die heutige Pädagogik nutzbar gemacht.[1]

Reids Einfluss auf die Stimmbildungskonzepte in Europa löste neue Denk- und Sichtweisen bei den Gesangslehrerkollegen[2] aus, die hier eine Stimmpädagogik vorfinden, welche die Gesetze der Selbstregulierung mechanischer Abläufe in der sängerischen Praxis anwendet. Das wissenschaftliche Interesse für die Lehre des Belcanto entwickelte sich bereits in Reids ganz jungen Jahren, als er in New York noch Sänger hören konnte, die Zeugnis von der Kunst des Belcanto gaben, aber auch andere Stimmen, die bereits diese Wege des goldenen Zeitalters des Gesangs verlassen hatten und große stimmliche Probleme zeigten. Zur Zeit seines eigenen Gesangsstudiums als Bariton quälte sich Reid mit den verwirrenden Anweisungen seiner Lehrer herum wie: „herauf", „herunter", „mehr vorne", „mehr hinten", „Maske", „Stütze", „Stimmsitz" etc. Aber seine sängerische Intuition ließ ihn sich all diesen Anweisungen strikt widersetzen. Sein Lehrerwechsel zu Douglas Stanley, einem Pädagogen, der zwar Stimmwissenschaft als wichtig für alle Stimmfragen ansah, diese aber teilweise falsch interpretierte und umsetzte, zog stimmliche Enttäuschung nach sich. Nun war für Reid der Zeitpunkt reif, sich selbst intensiver mit den Lehren des Belcantos auseinanderzusetzen und diese für die Stimmbildung neu aufzubereiten. 1950 mündete diese Auseinandersetzung im ersten Band seiner Trilogie über Belcanto.[3] In diesem Buch nimmt Reid u. a. eine um 1900 weit verbreitete

[1] Vgl. Reid, Cornelius: *Voice Science – An Evaluation*, in: *Australian Voice*, Vol. 11, 2005.

[2] Derartige Begriffe werden im gesamten Buch geschlechtsneutral verwendet.

[3] Vgl. Reid, Cornelius L.: *Bel Canto, Principles and Practices*, New York 1950.

Methode des Laryngologen Dr. Holbrook Curtis und des Tenors Jean de Reszke unter die Lupe, welche die Nasenresonanz (*nasal resonance*) bei der Stimmbildung in den Vordergrund rückten. Hierbei sollte der Schüler die Stimme *vorne* und *in der Maske platzieren*, indem er jeden Vokal mit geschlossenen Lippen wie z. B. „mmah“, „mmoh“, „mmih“ beginnt. Diese Vorstellung sollte die Tonqualität und die Einstellungen der Muskelmechanismen in eine korrektere Koordination bringen. Dr. Curtis glaubte aufgrund der Beschwerden seiner vielen Sänger-Patienten, dass die Stimmlippen der Sänger für die große Belastung auf Bühnen einfach zu schwach seien und eher eine untergeordnete Rolle spielen sollten wie bei dem akustischen Instrument Flöte, das keinen Vibrator benötigt. Deshalb sollten seiner Meinung nach die Kopfhöhlen die Hauptlast der stimmlichen Anstrengung tragen. Dieses Stimmbildungskonzept steht im direkten Gegensatz zu den Belcanto-Lehren und ist absolut unlogisch. Nachweislich wurden Tausende von Schülern fehlgeleitet und hatten nach ihrem Studium weniger Stimme als zuvor. Auch die beiden Protagonisten dieser Schule, Jean und Edouard de Reszke, verloren selbst frühzeitig ihre Stimme. Die Stimme der berühmten Sängerin Nellie Melba wurde so ernsthaft geschädigt, dass sie zu Mathilde Marchesi zurückkehrte, um ihre Stimmschäden reparieren zu lassen.

Abgesehen von der Tatsache, dass es physikalisch unmöglich ist, die von den Stimmlippen erzeugten Vibrationen in eine Richtung wie z. B. nach vorne zu platzieren, ist es ebenso unmöglich, die festen, nicht veränderbaren Nasenhöhlen zu beeinflussen, die mit mehrschichtiger Schleimhaut ausgestattet sind, welche den Schall eher schluckt als verstärkt. Reids Unterrichtserfahrung und die jahrzehntelange Beschäftigung mit wissenschaftlicher Gesangsliteratur ermöglichten es ihm, in der Unterrichtspraxis Lehrkonzepte zu überprüfen, zu analysieren und zu bewerten. Bei der in diesem Buch vorliegenden Evaluation heutiger stimmwissenschaftlicher Forschungen untersuchte Reid, ob und wieweit die Forschungsergebnisse Gesangspädagogen helfen, ihren Schülern die Fähigkeiten zu vermitteln, die sie in die Lage versetzen, die stimmliche Kunstfertigkeit der legendären Belcanto-Ära zu erlangen. Mit diesem historischen Rückblick auf die Belcanto-Ära greift Reid auf das Wissen um die natürlichen mechanischen funktionellen Abläufe bei der Tonerzeugung zurück. Diese begünstigen die natürliche reflektorische Bewegung an der Klangquelle und schaffen ein ökologisches Klima, in dem die für die Stimme verantwortlichen Muskeln sich entwickeln und frei reagieren können.

Dieser Rückblick auf die Lehre der Blütezeit des Gesangs führt zu neuen Erkenntnissen über die Bedeutung des Falsetts, des reinen Vokals, die von der Tonhöhe abhängige Wahl der Dynamik und die Zweiregistertheorie.

Darüber hinaus ermöglicht er durch die Verbindung mit neuesten Forschungsergebnissen, die die frühen Erkenntnisse belegen, genaueres theoretisches Wissen, das direkt in der Praxis anwendbar ist und der Stimme zu besseren Fähigkeiten verhelfen kann.

Leonore Blume

Ergebnisse heutiger Stimmforschung aus der Perspektive der Belcanto-Lehre[4]

Mit der Erfindung des Laryngoskops durch den britischen Arzt Benjamin Guy Babington[5] im Jahre 1830 begannen ab 1854 ernsthafte wissenschaftliche Forschungen zum Stimmmechanismus, die ganz besonders durch Manuel Garcia, der diese Erfindung nutzte, vorangetrieben wurden. Seitdem hat die Wissenschaft große Fortschritte in der Erforschung von Stimmerkrankungen und Stimmfunktion gemacht. Berücksichtigt man jedoch die zahlreichen wissenschaftlichen Artikel über die menschliche Stimme, drängt sich notwendigerweise die Frage auf, inwieweit die Ergebnisse dieser Forschungen Gesangspädagogen geholfen haben. Die Auswertung dieser Studien macht deutlich, dass nur ein Teil der Informationen von pädagogischem Nutzen war und ist. Allgemein kann man feststellen, dass diese Forschungsergebnisse wenig Bedeutung für die praktische Umsetzung beim Sprechen und Singen haben.

Für eine wissenschaftliche Untersuchung am Stimmmechanismus gibt es drei Voraussetzungen. Erstens ist es notwendig, die Muskelsysteme, die für den Stimmmechanismus im und am Kehlkopf zuständig sind, genau und richtig zu bestimmen, zweitens ihre mechanischen Abläufe zu erläutern und drittens ein wirksames Funktionsprinzip zu finden, das in der Lage ist, eine effizientere oder bessere Funktion des Stimmmechanismus herbeizuführen oder zu veranlassen. Die ersten beiden Voraussetzungen sind längst erfüllt; bis heute aber ist die dritte und wichtigste Voraussetzung für wissenschaftliche Untersuchungen der Stimme im Grunde übersehen worden. Wie ließe sich sonst erklären, dass bisher kein wirkendes Funktionsprinzip entdeckt wurde? Dies ist in erster Linie darauf zurückzuführen, dass eine Mehrheit der Wissenschaftler von falschen Prämissen ausgegangen ist. Ziel meiner Ausführungen ist, einige dieser fehlerhaften Vorstellungen, die zu falschen Rückschlüssen führten, aufzuzeigen.

[4] Reid, Cornelius L.: *Voice Science – An Evaluation*, in: *Australian Voice*, Vol. 11, 2005, S. 6–24.

[5] Vgl. Ferranti, Taylor L.: *A Historical Approach to Training – The Vocal Registers: Can Ancient Practice Foster Contemporary Results?*, Diss. Louisiana State University, Mai 2004.

Das erste Missverständnis: Ist die Kehle ein Stimmorgan?

Stimmforscher haben lange Zeit angenommen, dass Menschen als Teil ihrer Anatomie ein Stimmorgan besäßen. Nach *Webster's Third International Dictionary*[6] aber ist ein Organ *eine differenzierte Struktur (wie ein Herz, die Nieren, ein Blatt oder Stängel) in Tieren oder Pflanzen, bestehend aus verschiedenen Zellen oder Gewebe, für bestimmte Funktionen geeignet und mit anderen Strukturen koordiniert, um gemeinsame Funktionen zu teilen.* Folglich werden gesungene Tonqualitäten nicht von einem eigenen Organ produziert, sondern von Mechanismen zweier unterschiedlicher organischer Systeme – nämlich dem Atmungs- und dem Verdauungssystem.

Die natürliche Funktion der Atmung durch das Arytaenoid-Muskelsystem ist das Öffnen und Schließen der Glottis. Die natürliche Funktion der Verdauung durch das Cricothyreoid-Muskelsystem, dessen Spannung durch peristaltische Bewegung unmittelbar beeinflusst wird, bewirkt den Schluckvorgang. Diese beiden Muskelsysteme sind in der Lage, sich auch für die Tonproduktion anzupassen. Von Natur aus tendieren diese beiden organischen Systeme eigentlich dazu, unabhängig voneinander zu agieren und nicht zusammenzuarbeiten. Dennoch befähigt ihr interaktives Potenzial sie, als musikalisches Instrument auf hohem effizientem Niveau zu fungieren. Die unterschiedlichsten Spannungsstufen arytaenoider Muskelaktivität verdicken, entspannen und/oder schließen die Stimmfalten, während die Aktionen des Cricothyreoid-Muskelsystems sich gegensätzlich verhalten, d. h. die Stimmfalten dehnen und durch die wechselnden Spannungsverhältnisse die Tonhöhe regulieren und verändern.

Die oben genannten Aktivitäten stellen die Quelle der Klangerzeugung dar und sind unentbehrliche Elemente des Klangprozesses.

> Vom Blickwinkel der Funktion dieser lebenserhaltenden Muskelsysteme aus gesehen, ist Gesang eine abgeleitete Funktion zweier entgegenwirkender organischer Systeme, die in koordinierter Weise Aufgaben erfüllen, die über ihre primäre organische Konzeption und ihren ursprünglichen Zweck hinausgehen.

Diese Unterscheidung ist unbedingt notwendig. Ein Organ führt eine lebenserhaltende Funktion aus und braucht keinerlei Training dafür. Um aber

[6] Gove, Philip B.: *Webster's Third International Dictionary*, Springfield 1971.

gesungene Töne produzieren zu können, müssen die beiden Muskelsysteme Arytaenoidei und Cricothyreoidei in ein koordiniertes Verhältnis eintreten und miteinander kommunizieren. Dies offenbart ein neues Problem. Weil diese Muskelsysteme von Natur aus nicht dazu disponiert sind, als Einheit zu agieren, kooperieren sie selten mit Effizienz. Da die mechanischen Aktivitäten natürlicherweise getrennt voneinander arbeiten, klingen auch ihre tonalen Endergebnisse unterschiedlich.

In ihrem ursprünglichen Zustand werden bestimmte Tonergebnisse als richtig und andere als falsch bezeichnet. Seit dem 14. Jahrhundert wird diese Tatsache beschrieben, wobei allgemein zwei unterschiedliche Tonqualitäten entweder als *vox ficta* oder falsche Stimme und als *vox integra* oder natürliche Stimme bezeichnet wurden. Wäre der Stimmmechanismus ein Organ, gäbe es keinen solchen Unterschied bei den Tonqualitäten. Während des Anpassungsprozesses für die Phonation muss der Stimmmechanismus von funktionellen Abläufen und Regeln bestimmt werden, die veranlassen, dass die zwei getrennten Muskelgruppen harmonisch miteinander interagieren, ohne ihr von der Natur gegebenes Bewegungspotenzial zu verletzen. Dieses Ziel ist deshalb so schwer zu erreichen, weil es eine weitere Komplikation gibt. Während der Phonation arbeitet die Arytaenoid-Muskulatur nicht nur als Agonist oder Antagonist zur gegenspielerischen Cricothyreoid-Muskulatur, sondern ebenso auch zu sich selbst. Diese Ur-Aktivität des Öffnens und Schließens der Glottis führt zur sekundär muskulären Tätigkeit des Systems. In dieser Umwandlung der an sich natürlichen Atmungs- oder Schluckfunktion in die gemeinsame Funktion der Produktion gesungener Töne liegt die Grundproblematik der Stimmpädagogik.

Dass es kein menschliches Stimmorgan gibt, ist unanfechtbar. Den Beweis für diese Aussage findet man bei Grey und Wise:

> *Die grundlegenden lebenserhaltenden Funktionen von Atmung und Ernährung sind nachvollziehbar, weil die Verbindung reflektorischer Bögen* [der Weg eines Nervenimpulses vom Stimulus aus zum Nervenzentrum, zu einem Muskel oder einer Drüse] *von Natur aus angelegt ist. Dagegen ist die Funktion des Sprechens und Singens in gewissem Sinne eine von den Urfunktionen abgeleitete oder sich überlagernde Funktion, die sich gezwungenermaßen geliehener Mechanismen bedient und damit erworbene Anpassung, Bearbeitung und Koordination aufzeigt, was einem Wunder gleicht.*[7]

[7] Gray, Giles Wilkeson/Wise, Claude Merton: *The Bases of Speech*[3], New York und Evanston 1959, S. 234.

Somit ist klar, dass der Stimmmechanismus nicht als ein in sich geschlossenes Organ für Sprechen und Singen konstruiert ist. Die Nichtbeachtung der Tatsache, dass der Stimmmechanismus aus zwei getrennten und deutlich unterscheidbaren Funktionen besteht, ist verantwortlich für die Verwirrung sowohl in der Stimmwissenschaft als auch in der Stimmpädagogik. Gäbe es ein Stimmorgan, dann würde es von Natur aus unter normalen Gesundheitsbedingungen höchst effizient funktionieren.

Das zweite Missverständnis: Was gehört zur äußeren oder inneren Kehlmuskulatur?

Ein anderes Missverständnis ist die Annahme, das Cricothyreoid-Muskelsystem sei ein Teil der inneren Kehlkopfmuskulatur. Der Muskel M. cricothyreoideus wird nur wegen seiner Verbindung zum Ringknorpel (*cartilago cricoidea* = Ring) und zum Schildknorpel (*cartilago thyreoidea* = Schild) so benannt. Es ist leider sehr verbreitet, alle Muskeln, die mit dem Kehlkopf in Verbindung stehen, als innere Muskeln zu bezeichnen. Diese Definition ist jedoch falsch!

> Das Cricothyreoideus-Muskelsystem ist am Schluckakt beteiligt und liegt *außen* vor dem Kehlkopf.

Seine Muskeln verlaufen vom vorderen oberen Rand des Ringknorpels zum vorderen unteren Rand des Schildknorpels. Obwohl der größte Teil der Muskulatur außerhalb der Kehle liegt, sind dennoch einige der Muskelfasern der Mm. cricothyreoidei mit Fasern der inneren Muskulatur verbunden. Deshalb sprechen Luchsinger, Arnold und andere Autoritäten von den Mm. cricothyreoidei als äußere Kehlkopfmuskulatur. Da die Mm. cricothyreoidei mit Fasern der inneren Muskulatur verbunden sind, könnte man eventuell argumentieren, dass die Mm. cricothyreoidei auch zur inneren Muskulatur der Kehle gehören. Aber die Tatsache, dass nur sehr wenige Fasern mit der inneren Muskulatur in Berührung kommen, nimmt dieser Definition die Kraft. Diese Muskelanordnung berechtigt nicht dazu, die Mm. cricothyreoidei als innere Muskulatur der Kehle zu bezeichnen. Man sagt ja auch nicht, dass sich ein Mann innerhalb des Zimmers befindet, wenn er sich außen an der Hauswand hängend mit einer Hand am Fenstersims festkrallt.

> Das so genannte Arytaenoid-Muskelsystem, dessen Fasern an den Aryknorpeln ansetzen und zum Öffnen und Schließen der Stimmritze konzipiert sind, ist an der Atmung beteiligt und bildet das innere Muskelsystem der Kehle. Während des Schluckens verhalten sich diese Muskeln passiv.

Die Mm. cricothyreoidei sind nicht an der Atmung beteiligt, aber mit einigen Muskelfasern mit der Schluckaktion verbunden. Wenn wir schlucken, atmen wir nicht, und umgekehrt. Dies ist für die Teilung in innere und äußere Kehlkopfmuskulatur bedeutsam. Würden die Mm. cricothyreoidei innerhalb des Kehlkopfs liegen, wären diese Muskeln außerstande, als Antagonisten zu den Mm. arytaenoidei zu wirken, die Stimmfalte zu dehnen und damit die Tonhöhe zu regulieren.

Der natürliche Widerstand beider Muskelsysteme hat eine neurologische Entsprechung. Äste des *Vagusnervs* innervieren alle Kehlkopfmuskeln. Der Nebenast (*Nervus laryngeus inferior* oder *Nervus recurrens*) innerviert alle im Innern des Kehlkopfgerüstes liegenden Muskeln (Mm. arythyreoidei). Viele Fasern des Nervus laryngeus recurrens entspringen eigentlich dem *Nervus accessorius*, einem Hirnnerv. Die außerhalb des Kehlkopfgerüsts liegenden Mm. cricothyreoidei werden vom oberen Kehlkopfnerv *Nervus laryngeus superior* innerviert, der dagegen keinerlei Verbindung mit dem Nervus accessorius besitzt. Schon alleine aus neurologischer Sicht kann man deshalb die Cricothyreoideus-Muskulatur keinesfalls zum inneren Muskelsystem der Kehle rechnen (siehe Abbildung 2, S. 87). Das Cricothyreoideus-Muskelsystem bildet eine eigenständige Einheit, und aufgrund dieser Trennung ist es von Natur aus nicht eingerichtet, dass es in eine koordinierte Beziehung zur Arytaenoid-Muskulatur tritt oder als unentbehrlicher Bestandteil des Gesangsinstruments effizient funktioniert. Wegen der getrennten neurologischen Versorgung der Cricothyreoideus-Muskulatur und ihrer Verbindung zur Schluckaktion ist Kehlverengung ein immerwährendes Stimmproblem.

Da es sich sowohl muskulär als auch neurologisch belegen lässt, dass die Cricothyreoideus-Muskulatur und die Arytaenoideus-Muskulatur zwei separate organische Systeme sind, ist die Meinung der meisten Stimmwissenschaftler, die Cricothyreoideus-Muskulatur zähle zur inneren Muskulatur, falsch!

Das dritte Missverständnis: Wer oder was bestimmt ein Register?

Die Meinung, dass die äußeren optischen Abmessungen der Stimmlippen die mechanische Quelle von Stimmregistern bilden, ist ein weiteres Missverständnis, das allgemein verbreitet ist. Diese Anschauung kann auf die Experimente mit dem Laryngoskop seit 1854 durch Manuel Garcia zurückgeführt werden, zu dessen Zeit beobachtet wurde, dass entsprechend der Tonhöhe und der Lautstärke die physikalischen Dimensionen der Stimmfalten sich verändern. Garcias Zeitgenosse, Sir Morell MacKenzie, ein berühmter Laryngologe und Berater vieler großer Sänger dieser Zeit, kommentiert die Ergebnisse dieser Beobachtungen in seinem Buch: *The Hygiene of the Vocal Organs* (1887). Unter der Überschrift *Critical Observations on the Various Theories as to the Mechanism of the Registers* vertritt er dort im Anhang folgenden Standpunkt:

> *Die unmittelbare Auswirkung der Erfindung des Laryngoskops war, dass durch die Einführung aller möglichen Beobachtungsfehler alle in hoffnungslose Verwirrung gestürzt wurden. Jeder verbreitete mit Starrsinn das, was er glaubte, mit bloßem Auge gesehen zu haben.*[8]

Was Garcia, MacKenzie und andere im Spiegel des Laryngoskops gesehen hatten, war die Aufteilung der Stimmlippen in klar erkennbare Bereiche, deren exakte Anzahl mit der Anzahl der Beobachter variierte. Übereinstimmend allerdings bezeichneten sie diese optischen Stimmlippenerscheinungen als Register. Diese These wurde von den meisten Stimmwissenschaftlern seit dieser Zeit unverändert beibehalten. Es gibt verschiedene Gründe, warum diese These nicht plausibel sein kann:

Erstens widersprechen sich die Wissenschaftler hinsichtlich der genannten Anzahl der Register, nämlich zwei bis sechs. Dies kann nicht sein. Vorausgesetzt, dass jeder männliche und weibliche Kehlkopf, abgesehen von der Größe, anatomisch identisch ist, muss jeder individuelle Stimmtypus ausnahmslos die gleiche Anzahl von Registern besitzen. Wenn man annimmt, dass ein Register auf physiologischen Abläufen basiert, kann es keine unterschiedliche Anzahl von Registern geben.

Ein weiterer Einwand gegen die Theorie, ein Register entspreche der Dimensionierung der Stimmlippen während des Schwingungsvorgangs, lautet: Einstellung und Schwingungsverhalten eines Vibrators unterliegen den

[8] MacKenzie, Sir Morell, M. D.: *The Hygiene of the Vocal Organs (A Practical Handbook for Singers and Speakers)*, Belmar und New Jersey 1928, S. 237.

Regeln eines bestimmten mathematischen Gesetzes. Dieses besagt, dass Länge, Masse und Spannung eines Vibrators im Verhältnis zu seiner Frequenz und damit der Tonhöhe stehen. Dieses Gesetz ist unumstößlich. Unabhängig davon, ob ein Stimmmechanismus gut oder schlecht gebraucht wird, entspricht jede Einstellung der Stimmlippen (Länge, Masse und Spannung) unausweichlich diesem Gesetz. Wenn beispielsweise die Saiten eines Flügels gestimmt sind, wird das a^1 immer 440 Hz (Schwingungen pro Sekunde) haben, gleichgültig ob sich das Instrument in gutem oder schlechtem Zustand befindet. Schwingen die Stimmlippen mit dieser Frequenz, wird die Tonhöhe ebenfalls als a^1 wahrgenommen, unabhängig davon, ob der Ton gut oder schlecht gesungen wird oder ob seine qualitativen Eigenschaften der Kopf- oder der Bruststimme entsprechen. Da die Stimmlippenschwingungen oder Stimmlippeneinstellungen diesem strengen mathematischen Grundsatz unterliegen, können sie sich selbst weder wirksam regulieren, noch liegt ihnen ein wirksames Gesetz zugrunde, das sowohl die physikalischen als auch die akustischen Anforderungen erfüllt, um ein Stimmregister überhaupt definieren oder identifizieren zu können.

Das Vorhandensein einer bruchlosen Stimmgebung, bei der die Register verschwunden zu sein scheinen, ist ein weiterer Grund, diese Theorie abzulehnen, bei der die Registerdefinition auf äußeren Abmessungen der Stimmfalten basiert. Diese Dimensions-Theorie kann nicht die Existenz oder die Ursache eines Bruchs im Tonumfang erklären. Wenn eine Stimme bruchlos klingt, bleibt es dann bei der Anzahl der beobachteten Stimmlippenabmessungen? Was hat in diesem Fall den Bruch überwunden? Wenn zuvor eine Lücke innerhalb des Stimmumfangs existierte, warum scheint jetzt das Register verschwunden zu sein und wodurch wurde es ersetzt, wenn die äußeren Abmessungen der Stimmfalten doch einem akustischen Gesetz unterliegen und nicht von einem mechanischen Prinzip verursacht werden? Wenn also eine Registertheorie Beweiskraft und Echtheit beanspruchen will, muss man an anderer Stelle eine geeignete Antwort auf diese pädagogische Fragestellung suchen.

Es ist seit Langem allgemein bekannt, dass die Stimmfaltendimensionen durch die entgegengesetzte Spannung der Cricothyreoid- und Arytaenoid-Muskelsysteme reguliert werden. Da diese Tatsache unbestreitbar ist, ist es logisch, dass auf Registermechanik basierende Konzepte nur durch die Funktionsweise dieser zwei Muskelsysteme erklärt werden können. Anders gesagt, die Stimmfalten regulieren nicht, sie werden reguliert!

Während die Frequenz der Stimmfaltenvibration durch ein mathematisches Gesetz bestimmt wird, gilt dies nicht für das jeweilige Spannungsverhältnis der beiden Muskelsysteme. Das bedeutet, dass man die gleiche Tonhöhe mit unterschiedlichen Spannungsverhältnissen beider Muskelsysteme erzeugen kann. Ohne jeden Zweifel ist der bestimmende Faktor für die Stimmregister das proportionale Spannungsverhältnis zwischen dem Cricothyreoid- und Arytaenoid-Muskelsystem. Diese mechanische Bewegung unterliegt der Regulierung und Innervierung eines mechanischen Prinzips, das heißt, einem Vorgang, mit dem ein organisches System oder ein mechanischer Ablauf aufgebaut werden kann.

Diese Betrachtungsweise führt uns zu einem völlig anderen Verständnis von Registermechanismus. Damit dieses Prinzip überhaupt wirken kann, muss es einen Katalysator geben. Dieser Katalysator ist eine musikalische Phrase, die aus Tonhöhe, Lautstärke und Vokal besteht. Der Einsatz dieses Katalysators beeinflusst die verschiedenen Kombinationen der Stimmfaltendimensionen, die durch die Aktivität der Cricothyreoid- und Arytaenoid-Muskelsysteme gesteuert werden. Eine Stimmübung, bestehend aus den drei Tonelementen Tonhöhe, Lautstärke und Vokal, stimuliert die Kehlkopfmuskulatur durch einen Willensakt, um die Balance des Spannungsverhältnisses zwischen dem Cricothyreoid- und Arytaenoid-Muskelsystem aufzuteilen. Dieses interaktive Potenzial wird in der Tat eine klangliche Reaktion hervorrufen und damit eine besondere Art mechanischer Kontrolle über das unwillkürliche Kehlkopf-Muskelsystem ausüben. Bestimmte Übungen können einen Bruch in der Stimme aufzeigen, andere dagegen können den Bruch zum Verschwinden bringen. Das Ergebnis wird die Produktion verschiedener Arten von Falsett oder echter Stimmqualitäten sein.

Es ist klar, dass ein Register in der Lage sein muss, dem gesamten Stimmmechanismus Nutzen zu bringen und ihn von Grund auf neu zu beleben. Wenn man die Register nicht für die Regulierung und Steuerung der Kehlkopfmuskulatur einsetzen kann, dann wäre Registrierung nichts anderes als die willkürliche Beschreibung einer Tonqualität, die von bestimmten Dimensionen der Glottis, bezogen auf eine bestimmte Tonhöhe, abhängig ist.

Das vierte Missverständnis: Der Unterschied zwischen Sprechen und Singen

Zu den schon zuvor genannten Missverständnissen kommen zusätzlich Regeln und Techniken für die Sprachbehandlung hinzu, die Theorien klären und technische Gesangsprobleme überwinden sollen. So wurden Sprechen und Singen gelehrt und studiert, als seien ihre Bewegungsabläufe die gleichen. Der einzige gemeinsame Nenner (abgesehen von der Benutzung des Kehlkopfs und des Stimmtraktes) aber ist die Verwendung der Vokale und Konsonanten, um Sprache zu erzeugen. Die Unterschiede in der Anwendung der Stimmmechanismen im Gesang gegenüber dem Sprechen sind hingegen folgende:

- Im Gegensatz zum Sprechen ist für das Singen eine Vorprogrammierung des Vokaltrakts, um die Phonation einzuleiten, notwendig. Diese prä-phonatorische Einstellung (Vor-Klangvorstellung), die auf neurologische Stimuli reagiert, bewirkt die reflektorische Annäherung der Stimmfalten und die Einstellung des Vokaltrakts, ehe überhaupt eine Bewegung von Luft unter der Glottis stattfindet. Es handelt sich hier um einen Feineinstellungsprozess, der für die genaue Ausführung der musikalischen Phrase mit Tonhöhe, Lautstärke und Vokal unentbehrlich ist.
- Intonationsgenauigkeit ist bei der Sprache kein Gesichtspunkt, dagegen ist sie beim Gesang von höchster Priorität.
- Sprache benötigt nur eine minimale Cricothyreoid-Spannung, um Tonhöhe zu regulieren; die Hauptverantwortung tragen die Arytaenoid-Aktivitäten. Für eine richtige Gesangstechnik dagegen ist Cricothyreoid-Spannung von unschätzbarer Bedeutung, ohne die keine Tonhöhe effektiv reguliert werden könnte und ohne die alle anderen Aspekte der muskulären Koordination im Kehlkopf gestört wären.
- Beim Sprechen braucht die Balance zwischen dem Cricothyreoid- und Arytaenoid-Muskelsystem nur ungefähr zu sein, beim Gesang aber müssen diese Anpassungen sehr exakt funktionieren.
- Gesang benötigt eine hohe Beweglichkeit der beteiligten Elemente innerhalb der Kehlkopf-Muskelsysteme, Sprechen aber nicht.
- Sprache erfordert keine Intonationsgenauigkeit des Klangsystems, auch kein stufenloses An- und Abschwellen eines gehaltenen Tones auf gleicher Tonhöhe oder innerhalb einer Melodie.
- Ein wichtiges zusätzliches Attribut einer korrekten Gesangstechnik ist die Notwendigkeit des so genannten Sängerformanten (ein Frequenzbereich zwischen 2 800 bis ca. 3 400 Hz, der die Tragfähigkeit der Singstimme fördert). Dies ist keine Bedingung beim Sprechen.
- Sprechen hängt weder von einer gleichmäßig aufrechterhaltenen Schwingung ab noch von der Fähigkeit, die Amplitude zu vergrößern oder zu verkleinern, insbesondere dann, wenn diese Zu- oder Abnahme mit der Lautstärke gekoppelt ist.

- Sprechen verlangt keine über einen breiten Tonumfang durchgehaltene Vokalqualität mit verschiedensten Graden der Lautstärke – beim Singen ein wichtiger Faktor.

Aufgrund dieser körperlichen, akustischen und konzeptionellen Verschiedenheiten müssen Sprechen und Singen als grundsätzlich unterschiedliche Disziplinen betrachtet werden. Es ist interessant zu beobachten, dass nur geringe Verbesserungen durch alleinige Anwendung von Sprechmechanismen in der Singstimme erreicht werden können. Dagegen erfolgt durch die Verbesserung der Kehlkopfmuskelaktivität bei einem Gesangsstudium fast zwangsläufig eine dramatische Verbesserung der Sprechstimme. Der Grund dafür ist klar: Obwohl die zwei Disziplinen verschieden sind und die gleichen Stimmmuskeln benutzen, sind beim Singen die Muskeln stärker und differenzierter trainiert als beim Sprechen.

Das fünfte Missverständnis: Die Behandlung von Vokalen und Konsonanten

Ein weiteres Missverständnis liegt in der Behandlung von Konsonanten und Vokalen. In der Gesangspädagogik wird das Gewicht immer mehr auf den Sitz der Vokale gelegt, die man als „vorne sitzend", „hinten sitzend", „hinten oben", als „offene", „geschlossene", „gespannte" oder „ungespannte" beschreibt. Außerdem unterscheidet man die Konsonanten in stimmhafte und stimmlose Konsonanten. In Relation zur Gesangsstimme gelten diese Kategorisierungen nicht. Als ganz besonders kontraproduktiv erweisen sie sich, wenn sie in ein Stimmbildungsprogramm integriert werden.

Obwohl dieser Standpunkt eine radikale Abkehr vom konventionellen Denken darstellt, ist er leicht zu beweisen. Alle zuvor beschriebenen Vokaleigenschaften, sind mit einer einzigen Ausnahme – „hinten" – physiologisch und akustisch irrelevant, wenn man gesungene Vokale erzeugt. Vokale sind Klänge, die durch Vibrationsmuster an der Klangquelle hervorgerufen werden und deren Klangeigenschaften von der Einstellung des Vokaltrakts bestimmt werden. Die Höhlen des Vokaltrakts besitzen aber keine Eigenenergie, sondern sind abhängig von einer Schwingungsquelle, bevor sie als Resonator agieren können. Aufgabe des Vokaltrakts ist es, die notwendige Anpassung vorzunehmen, um einen Vokal definieren zu können und zum Klingen zu bringen; er hat nicht die Aufgabe, Energie zu erzeugen und bereitzustellen. Die Freiheit des Vokaltrakts, sich einzustellen und als Resonator zu fungieren, hängt von der Qualität der Energie ab, die an der Klangquelle erzeugt wird. Daraus folgt: Wenn die interaktive Funktionsfähigkeit der komplexen Kehlmuskulatur schlecht koordiniert ist, entsteht Reibung, welche die Fähigkeit des Sängers, seinen Vokaltrakt für die Bildung der Vokale und deren Vielzahl an Eigenschaften adäquat einzustellen, negativ beeinflusst. Bei einer idealen Gesangstechnik sollten sich die zwei Einflussbereiche – die Feineinstellung des Vokaltrakts und das Schwingungsverhalten der Stimmlippen – gegenseitig ergänzen. Der ausschlaggebende Faktor für den Erfolg ist die absolute Leistungsfähigkeit der physikalischen Geschehnisse an der Klangquelle, dem Kehlkopf. Solange das Ungleichgewicht innerhalb der Muskelkoordination nicht korrigiert ist, werden die Vokalqualitäten gezwungenermaßen unrein und wenig tragfähig sein. Unausgewogenheiten innerhalb der Kehlmuskulatur haben unweigerlich unerwünschte Spannungen der Kehle, Zunge und des Kiefers zur Folge, wodurch die freie Artikulation der Konsonanten gestört wird. Versuche, das Problem durch Vokalkonzepte zu lösen, bei denen man die Vokale als „vorne sitzend", „hinten sitzend", „hinten oben", als „offene", „geschlossene", „gespannte" oder „ungespannte" beschreibt, verschleiern das Problem. Um einen Vokal als „rein", „tadellos" oder „wohlklingend" beschreiben zu können, müssen sowohl der akustische Einflussbereich (d. h. die Feineinstellung des Vokaltrakts) als auch der physiologische Einflussbereich (die muskuläre Interaktion der Cricothyreoid- und Arytaenoid-Muskulatur) übereinstimmen. Von diesen eben genannten Einflussbereichen ist die Feinabstimmung des Vokaltrakts zwar wichtig, aber den Kehlkopfmechanismen untergeordnet.

Wegen der Vorrangstellung der Kehlkopfmechanismen sollte man alle Vokale als „hinten sitzend", das heißt Kehlkopf orientiert, betrachten.

Diese Theorie kann durch die Beschreibung der *standing wave* (Stehwelle) untermauert werden, ohne deren Vorhandensein Tonproduktion unzulänglich wäre. Eine Stehwelle entsteht, wenn sich durch ein besonderes Vibrationsmuster an der Klangquelle eine Wellenform entwickelt, die sich nicht nur von der Klangquelle wegbewegt, sondern auch wieder reflektiert wird, um sich dann mit den durch die Stimmfaltenbewegungen neu ausgelösten Wellen zu verbinden. Die zwei Wellen breiten sich in entgegengesetzte Richtungen aus, teilen aber dieselbe Periodizität. Der höchste Ausschlag der Amplitude einer Stehwelle ist an der Klangquelle, der niedrigste Ausschlag an der Lippenöffnung. Johan Sundberg hat 1977 das Prinzip der Stehwelle bei seinen akustischen Ausführungen über die Bewegungen von Klangwellen durch den Vokaltrakt erläutert. Er entdeckte den immensen Einfluss dieses Phänomens auf alle Aspekte des Singens, einschließlich der Formantfrequenzen. Aufgrund des größten Ausschlags der Stehwelle an der Klangquelle (Kehle), muss man den Schluss ziehen, dass alle Vokale als hinten sitzende Vokale betrachtet werden müssen. Bis um die Mitte des 20. Jahrhunderts waren sich Sänger und Gesangslehrer der Stehwelle vollkommen bewusst, was in Anweisungen wie *inalare la voce* (inhaliere die Stimme) oder im Englischen *inhale the voice* oder auch *drinking in the tone* zum Ausdruck kommt. Das Verständnis sowohl der akustischen Bedingungen der Stehwelle als auch des Einflusses auf die Singstimme macht Vokalkonzepte wie vorne sitzende, gespannte oder ungespannte Vokale ebenso wie das Ziel, den Ton vorne anzusetzen oder in die Maske zu singen, zunichte. Der Grund hierfür liegt in der Tatsache, dass alle derartigen Versuche sowohl die konzeptuelle als auch die physikalische Energie von der Klangquelle wegnehmen.

Ein anderes Problem ist die Art und Weise, wie die Konsonanten behandelt werden. Forschungen in Frankreich von Nicole Scotto di Carlo aus dem Jahre 1979 widerlegen die Behauptung, überdeutliche und starke Artikulation fördere die Textverständlichkeit. Übereinstimmend mit Scotto di Carlo und auf der Basis der Erfahrungen der meisten Sänger scheint das Gegenteil der Fall zu sein. Ein überartikulierter Text, ganz besonders im Englischen, kommt nicht klar über die Bühne. An der Umsetzung der theoretischen Lehre in der Praxis muss also definitiv etwas falsch sein. Di Carlo schreibt dazu:

> *Wir haben in unseren Untersuchungen nachgewiesen, dass Artikulation eine besonders zerstörende Wirkung auf die Schönheit des Vibratos, die Kontinuität eines Legatos, die Ästhetik des Stimmeinsatzes, die gehaltene Phrase und die Lockerheit hat – all dies spielt eine bedeutende Rolle für die Qualität des Singens.*
> *Trainingsmethoden, die auf Artikulation oder Konsonantenbetonung aufbauen, sind um jeden Preis zu vermeiden, da sie die heikle Balance gefährden, die der Sänger ja erreichen soll, um sowohl die Textverständlichkeit als auch den ästhetischen Aspekt der Musik zu bewahren.*[9]

Die Aufgaben des Sängers gehen über die Konsonantenbetonung oder den Gebrauch der Konsonanten im Allgemeinen hinaus. Hinzu kommt das Problem der stimmhaften und stimmlosen Konsonanten.

[9] Di Carlo, Nicole Scotto: *Perturbing Effects of Overarticulation in Singing,* in: *Journal of Research in Singing*[2], 1979, S. 10–27.

> In Beziehung zum Gesang sollten alle Konsonanten als stimmlose behandelt werden.

Diese besondere Behandlung ist unbedingt notwendig, da bei einem stimmhaften Konsonanten üblicherweise ein dumpfer, neutraler Vokal vorgeschaltet wird. Beispielsweise bei einem „L" oder „M" wird ein undeutlicher Klang vorgeschaltet, so dass eine Art Schatten oder einen Schwa-Vokal wie „eh-La" oder „emmm-Ma" zu hören ist. (Im Deutschen wird ein unbetontes „e" normalerweise als Schwa gesprochen, z. B. in den Wörtern: Mücke, erwarten und gegeben). Wird ein Lied oder eine Arie in dieser Weise gesungen, verursacht dies eine nicht wünschenswerte Vorspannung des gesamten Vokaltrakts, was besonders in der höheren Tonlage zu beobachten ist. Die Kultivierung dieser Gewohnheit führt zu einer schlampigen und unklaren Artikulation und zum Verlust textlicher Klarheit.

Je größer der Energieeinsatz für die Konsonanten ist, umso einengender wirken die stimmhaften Konsonanten auf die Vokale. Aus der Perspektive der reinen Vokalmechanik führt diese Praxis zu mehr Ungenauigkeiten anstatt zu exakten Einstellungen der Stimmlippen für die Phonation. Unter diesen Bedingungen stehen diese zwei Prozesse (Konsonant- und Vokalbehandlung) eher im Widerspruch, als dass sie kooperieren.

Ein ebenso großes Hindernis für eine gut klingende Vokalqualität ist die Verbindung der Artikulatoren mit dem Schluckakt. Wenn zu viel Energie bei der Konsonantenbildung eingesetzt wird, verursachen die Schluckmuskeln Verengungen im gesamten Vokaltrakt zum Schaden der Vokalbildung. Diese Kraftverteilung macht es dem Sänger unmöglich, seinen Vokaltrakt so einzustellen, dass eine Stehwelle geformt werden kann.

In manchen Fällen können stimmlose Konsonanten betont werden, vorausgesetzt die Energie für die Betonung der Konsonanten wird nicht gleichzeitig für die Vokalqualität eingesetzt. Obwohl die meisten stimmlosen Konsonanten Hochfrequenzlaute sind, haben sie keine musikalischen Eigenschaften. Dennoch können sie für einen dramatischen Effekt benutzt werden. Bei dem englischen Wort „strength" zum Beispiel, muss trotz der vielen starken Konsonanten der Vokal nach der Betonung der Initial-Konsonanten „str" noch klar erklingen. Ganz allgemein sollte der Sänger sorgsam Überbeanspruchung und Überbetonung aller Konsonanten vermeiden.

Sowohl in der Theorie als auch in der Praxis sollten Vokalqualitäten ohne Störung und mit völliger Artikulationsfreiheit erklingen. Ebenso sollte die Konsonantenbildung ohne Störung der mechanischen Abläufe innerhalb der Kehle ausgeführt werden. Das Erreichen der Unabhängigkeit zwischen Tonbildung und Artikulation ohne Störung innerhalb einer musikalischen Phrase ist eines der Hauptziele technischer Stimmbildung. Bei einer korrekten Gesangstechnik sind Ton- und Artikulationsbildung unterschiedliche Vorgänge, die dennoch als Verbindung in einer sich gegenseitig ergänzenden Beziehung verwendet werden müssen.

Das sechste Missverständnis: Profi- oder Laiensänger?

Die Gepflogenheit, Sänger in die Kategorien „ausgebildete" oder „unausgebildete Sänger" einzuteilen, um Stimmen beurteilen und analysieren zu können, beruht auf der falschen Annahme, dass ausgebildete Sänger immer gut ausgebildet seien und nicht trainierte Sänger folglich nicht richtig sängen. Was die ausgebildeten Sänger betrifft, ist offensichtlich, dass die Beurteilung ihrer Klangergebnisse eher soziologischen Wert hat, weil sie auf dem Zeitgeschmack basiert, anstatt ihren Gesang an einer korrekten Vokaltechnik zu messen. Der Gesangsstil ändert sich je nach Zeit und Ort. Der Gesangsstil, der in den frühen Jahrzehnten des 20. Jahrhunderts für akzeptabel gehalten wurde, unterscheidet sich hinsichtlich Funktion, Terminologie und ästhetischem Geschmack grundsätzlich von dem akzeptierten Stil der mittleren und späteren Jahrzehnte.

Amelia Galli Curci hatte in ihrem ganzen Leben keinen Gesangsunterricht, wurde aber eine der bedeutendsten Koloratur-Sängerinnen ihrer Zeit. Ist sie deshalb in die Kategorie „unausgebildete Sängerin" einzuordnen? Im Gegenteil, man kann daran erkennen, dass der Parameter für die wissenschaftliche Beurteilung eine physiologisch gesunde Technik sein muss, gleichgültig ob sie durch Training, Instinkt, Intuition oder eine Kombination aller dieser Faktoren erreicht wurde. Mit Sicherheit jedoch sind Stimmfertigkeiten messbar. Diese Fertigkeiten äußern sich in:

- einem ausgedehnten Stimmumfang,
- genauer Intonation,
- der Fähigkeit, reine Vokalqualitäten produzieren zu können,
- einem ausgewogenen Vibrato,
- der Flexibilität des Tones,
- der ökonomischen Atemeinteilung,
- ermüdungsfreiem Singen ohne offensichtliche Anstrengung und

- der Fähigkeit, den ganzen Stimmumfang hindurch erfolgreich ein Messa di voce ausführen zu können (d. h. die Kunst, einen einzelnen Ton an- bzw. abzuschwellen).

Historischen Berichten zufolge besaßen während des 18. Jahrhunderts die Kastraten sowie auch andere Sänger diese genannten Fähigkeiten. Da sich seit dieser Zeit der Stimmmechanismus in keiner Hinsicht geändert hat, können auch in unserem Jahrhundert viele Sänger diese Gesangsfertigkeiten entwickeln. Man sollte daher Theorien mit Misstrauen begegnen, welche auf Studien beruhen, die mit weniger begabten Sängern durchgeführt wurden.

Das siebte Missverständnis: Muss Stimme gestützt werden?

Das am weitesten verbreitete Missverständnis in der Gesangspädagogik ist die Behauptung, Stimme müsse gestützt werden. Häufig wird der Begriff „Stütze" mit dem italienischen Begriff *appoggiare* (anlehnen) in Verbindung gebracht und als pädagogisches Werkzeug selten in Frage gestellt. Robert Thayer Sataloff definiert den Begriff „Stütze" wie folgt:

> *Üblicherweise wird der Begriff gebraucht, um die Kräfteverhältnisse bei der Stimmgebung zu definieren. Der Begriff beschreibt den Mechanismus, der die zielgerichtete Kraft erzeugt, die im subglottischen Druck mündet. Stütze umfasst die Muskulatur des Bauches, des Rückens, der Brust und der Lungen und ganz besonders die des Ausatmungs-Systems.*[10]

Sataloff stärkt diese Sichtweise mit einer weiteren Äußerung:

> *Viele der Muskeln, die für die aktive Ausatmung (Herauspressen der Luft aus den Lungen) verantwortlich sind, gelangen bei der Stütze für das Singen oder für die Schauspielerei zum Einsatz. Die Ausatmungsmuskulatur steigert den Druck im Innern des Bauchraums, der das Zwerchfell nach oben treibt oder die Rippen oder das Brustbein nach innen drängt, um den Brustraum zu verkleinern, oder auch beides.*[11]

[10] Sataloff, Robert Thayer: *Vocal Health and Pedagogy*, San Diego und London 1998, S. 375.
[11] Ders.: *Clinical Anatomy and Physiology of the Voice*, in: *Vocal Health and Pedagogy*, San Diego und London 1998, S. 20.

Diese Definition hat viel mit dem Gebrauch von Kraft zu tun, die den Mechanismus eher destabilisiert, als ihn in einen Zustand ausbalancierter Spannung zu versetzen oder ihn im Gleichgewicht zu halten. Ein Grund für die große Akzeptanz der Stütze als pädagogisches Werkzeug ist, dass mit Ausnahme des Zwerchfells die Atmungsmuskulatur größtenteils willentlich kontrolliert werden kann, wogegen die Muskeln, die für die Spannungsverhältnisse der Stimmlippen und die Stabilisierung der Kehle verantwortlich sind, willentlich nicht beeinflussbar sind. Solange man glaubt, kein Werkzeug zu besitzen, um ein unwillkürliches Muskelsystem stimulieren zu können, scheint die Stütze eine praktische Möglichkeit einer gewissen Kontrolle über den Lernprozess bei der Entwicklung stimmlicher Fähigkeiten zu bieten.

Die Idee, Stimme müsse gestützt werden, ist eine gravierende Fehleinschätzung. Während die Stimmlippen dem ihnen entgegengerichteten Luftdruck durch Spannung Widerstand entgegensetzen, müssen sie gleichzeitig die notwendige Elastizität behalten, um sich schnell und leicht auf die wechselnden melodischen Phrasen einstellen zu können. Hierbei muss der Grad der Spannung direkt proportional zu dem Grad des herrschenden Drucks sein. Eine weitere Fehleinschätzung ist, dass die Umrisse der Stimmlippen in Form eines gotischen Bogens nicht dazu geschaffen seien, großem Druck von unten zu widerstehen, ohne dabei unbeweglich zu werden. Dieser offensichtliche Konflikt zwischen Widerstand und Beweglichkeit kann nicht durch Luftdruck zwischen den Stimmfalten gelöst werden.

Man könnte argumentieren, dass Stütze gebraucht würde, wenn der Mechanismus in seiner Freiheit durch fehlerhafte Muskelkoordination eingeschränkt ist. Dieses Argument greift jedoch nicht, wenn der Mechanismus ausbalanciert ist. Die Notwendigkeit der Stütze ist entweder unnötig oder ein Trick, der als Ersatz für die Energieverschwendung dienen muss, die durch die technische Einschränkung hervorgerufen wird. Es scheint, als sei die Idee der Stütze für den durchschnittlichen Sänger erfunden worden, dessen Energiequellen aufgrund seines schlecht funktionierenden Instruments zu schnell erschöpft sind. Diese Quellen müssen ergänzt werden, und die übliche Lösung dafür ist, Luft in das System zu pressen, eine besondere Atmungsweise zu benutzen, um damit die Ausatmung zu kontrollieren. Die Konsequenz hiervon ist eine Überlagerung von Spannungsverhältnissen, die schon vorhandene Stimmfehler fixiert und die Anstrengung eher verstärkt, als eine natürliche freie Stimmgebung auszulösen. Die Folge dieser übertriebenen Ausatmungskultur ist eine schlechte Muskelkoordination innerhalb der Kehle. Es ist der aus dieser muskulären Störung resultierende Energieverlust, der die überhöhte Forderung an den Atmungsapparat erzeugt, ein Bedarf, der nicht entsprechend gestillt werden kann. Die Vorstellung, Luft mit Druck aus den Lungen zu pressen, bedeutet immer übertriebene Anstrengung. Diese Idee sollte besser durch die der Luftkompression (Zusammendrücken oder Verdichten der Luft) ersetzt werden. Mittels der Kompression werden die Sauerstoffmoleküle in der Lunge konzentriert, und diese in der Lunge eingeschlossenen Moleküle bilden die Quelle der Energie. Die in einem Ballon eingeschlossene Luft ist ein perfektes Beispiel für diese Kompression. Sobald am Hals des Ballons eine Öffnung entsteht, entweicht Luft ohne Kraftanwendung. Zusätzlich stimuliert der in den Blutkreislauf aufgenommene Sauerstoff die sich bewegenden Muskeln. Die Stimulation selbst setzt Energie frei. Die Frage muss also lauten: Gibt es eine effiziente Muskelkonstellation innerhalb der Systeme, die während ihrer Ausführung eine bestimmte Aufgabe zu erfüllen hat? Die Kombination dieser Energiequellen (Sauerstoff und Stimulation der Muskeln) veranlasst die Kehlmuskulatur, eine beträchtliche Menge kinetischer Energie (Bewegungsenergie) bei sich zu behalten. Das gemeinsame Ergebnis der beiden Energiequellen ist es, den Bewegungsablauf der Stimmlippe, unabhängig vom Kraftaufwand, über einen großen Tonumfang und ein sich steigerndes Lautstärkenniveau hinweg aufrecht zu erhalten.

Keine Frage, Singen benötigt Energie. Da man aber leider Energie, die bei der Anwendung einer zielgerichteten Kraft immer enthalten ist, mit Antriebskraft assoziiert, ist eine andere Vorstellung von Energieeinsatz für gesungene Tonqualitäten erforderlich. Die Energie, die der Körper nutzt, um Ermüdung zu überwinden, muss von der Kraft unterschieden werden, die man benötigt, um ein Objekt oder einen Körper zu bewegen.

> Das Ziel technischer Stimmentwicklung ist deshalb nicht, Stimme zu stützen (Stimme ist nur Bewegung von Luftpartikeln), sondern alle in das Klanggeschehen eingebundenen Muskelsysteme in ein Stadium des Gleichgewichts zu bringen.

Per Definition ist Gleichgewicht sich selbst unterstützend. Anstatt also das Singen mit Kraftaufwand und Anstrengung in Verbindung zu bringen, sollte Stimmgebung durch das Freisetzen rhythmischer Energie initiiert und unterstützt werden.

Konsequenzen aus diesen Missverständnissen

Bei von falschen Prämissen ausgehenden Forschungsmethoden, die mit den oben umrissenen Missverständnissen belastet sind, sind Fehler unvermeidbar, zumal wenn sie in Methoden angewandt werden, deren Ziel es ist, stimmmechanische Abläufe klären zu helfen. Bei genauerer Betrachtung wird deutlich, dass diese Fehlinterpretationen die Struktur der Abläufe untergraben, von denen sowohl die Praxis als auch die Stimmpädagogik abhängen. Die missverständlichen Konzepte beschäftigen sich zumeist mit der Mechanik von Stimmregistern.

Der Registerbegriff in der Stimmwissenschaft

Anfang des 20. Jahrhunderts traten zugunsten der Idee, den Sänger in die Maske singen zu lassen, Probleme bei der Verbindung von Brust- und Falsettregister in den Hintergrund. In der Hoffnung auf ein akustisches Wunder verdrängte man die auf der Beobachtung vieler Jahrhunderte basierende traditionelle Registermechanik, bei der zwei unterschiedliche Klangqualitäten bruchlos zu einer homogenen Klangqualität geführt werden. Diese Registervorstellung wurde durch individuelle Vibrationsempfindungen in unterschiedlichen Regionen des Körpers und des Kopfes ersetzt. Im Bewusstsein, dass Schwingungsempfindungen kein Register definieren, bemühte man sich, Theorien, die auf einer breiteren wissenschaftlicher Basis standen, zu etablieren. So entstanden im Laufe des 20. Jahrhunderts parallel die verschiedensten Registerkonzeptionen:

Robert Thayer Sataloff:

- Register
  ist ein schwammiger Begriff für Stimmqualitäten; oft bezeichnet Register eine Reihe nebeneinander liegender Töne, die alle so klingen, als ob sie von dem gleichen Typus von Stimmlippenvibrationen und Vokaltrakt-Einstellungen erzeugt worden sind. Beispiele für Registerbezeichnungen sind: vocal fry, modal und falsetto. Es gibt aber noch weit mehr Bezeichnungen.[12]
- Chest voice (Bruststimme)
  ist eine schwere Registrierung mit übermäßiger Resonanz in den tieferen Formanten.[13]
- Creaky voice (Knarr- oder Schnarrstimme)
  ist das Hörergebnis von Unterschwingung oder von chaotischen Mustern der Glottis-Wellenform. So wie Ingo R. Titze es beschreibt, wenn die Herzzahl

[12] Sataloff, Robert Thayer: *Vocal Health and Pedagogy*, San Diego und London 1998, S. 373.
[13] Ebd., S. 364.

unter 70 Herz ist, wird die Knarrstimme als Pulsregister (vocal fry) wahrgenommen.[14]

- Falsett
  ist ein hohes leichtes Register, angewandt vor allem von Männerstimmen, die in der Sopran- oder Altlage singen. Der Begriff kann aber auch bei Frauenstimmen angewendet werden.[15]
- Loft
  ist ein Begriffsvorschlag für das höchste [loftiest] *Register, normalerweise bezeichnet als Falsettstimme.*[16]
- Mittelregister (middle oder mixed)
  ist eine Mischung verschiedener Registerqualitäten; kultiviert, um eine gleich bleibende Qualität über den gesamten Frequenzumfang zu gewährleisten.[17]
- Pulsregister
  ist das extremste tiefste Ende der phonetischen Scala. Auch bekannt als Strohbass oder vocal fry. Der Charakter des Pulsregisters ist ein Muster von kurzen Glottiswellen, die sich mit langen oder längeren Wellen abwechseln und mit einer langen Schlussphase enden.[18]
- Vocal fry
  ist ein Register, welches zeitweise Lücken aufweist, auch bekannt als Pulsregister oder Strohbass.[19]
- Strohbass (deutsch)
  ist eine andere Bezeichnung für Pulsregister und vocal fry.[20]
- Pfeifregister (whistle register)
  ist das höchste aller Register. Es wird ausschließlich bei Frauenstimmen beobachtet. Es liegt außerhalb der Lage von [F³] [dreigestrichenes F; siehe auch: virtuelle Klaviatur im Anhang].[21] *Qualitätswechsel innerhalb der individuellen Stimme werden als Register bezeichnet. Bei jeder Stimme dürfen Qualitätswechsel wie vocal fry, brustig, mittel, kopfig, falsettig und pfeifend auftauchen, obwohl nicht jedermann akzeptiert, dass alle diese Kategorien existieren. Der Terminus Modalregister bezieht sich meistens auf die Sprachgebung,*

[14] Ebd.
[15] Ebd., S. 366.
[16] Ebd., S. 369.
[17] Ebd., S. 370.
[18] Ebd., S. 372.
[19] Ebd., S. 377.
[20] Ebd., S. 375.
[21] Ebd., S. 377.

gilt für die Tongebung von gesunden Sprechern und ist der hörbare Gegensatz zu der tiefen, rauen vocal-fry-Stimme oder dem hohen Falsett.[22]

Ronald J. Baken:

- Kehl-Register
  muss eine spezifische und eindeutige Art der Kehlaktion widerspiegeln. Stimmtrakt-Beteiligungen sind irrelevant. Ein Kehlregister wird durch einen Bereich benachbarter Grundfrequenzen erzeugt. Der F0-Bereich (Grundfrequenzbereich), unabhängig davon, mit welchem Register er erzeugt wird, überlappt sich nur wenig mit dem F0-Bereich eines anderen Registers.
  Mit dieser abgrenzenden Begriffsbestimmung sind nur drei Kehlregister bestätigt worden. Um vorherige Fehlerquellen und die oft verwirrende Terminologie zu vermeiden und den Einfluss der Assoziation mit alten Begriffen zu vermindern, hat Harry Hollien empfohlen, völlig neue Begriffsbestimmungen für die Verwendung von Registern anzunehmen.
- Modalregister
  beschreibt die üblich gebrauchte Kehlfunktion von untrainierten Sprechern im Bereich der Grundfrequenzen 75 bis 450 Hz [ca. $\text{Dis} - \text{h}^1$] *bei Männern und 130 bis 520 Hz* [ca. $\text{c} - \text{c}^2$] *bei Frauen. Der Begriff ist von dem üblichsten statistischen Wert abgeleitet. Dieses Register darf alle musikalischen Klangqualitätswechsel wie Brust-, Kopf- oder tiefes, mittleres und hohes Register beinhalten, abhängig davon, wie sie definiert sind.*
- Pulsregister
  erscheint am tiefsten Ende des Frequenzbereichs bei 25 bis 80 Hz [ca. $\text{As}_2 - \text{E}$] *bei Männern und 20 bis 45 Hz* [ca. $\text{E}_2 - \text{Fis}_1$] *bei Frauen hörbar. Das aus der Kehle kommende Ergebnis wird als pulsierend wahrgenommen. Der Begriff ist stark vergleichbar mit vocal fry, glottal fry oder dem musikalischen Begriff Strohbass.*
- Loft-Register
  wird am oberen Ende der stimmlichen Möglichkeiten bei 275 bis 620 Hz [ca. $\text{cis}^1 - \text{dis}^2$] *bei Männern und 490 bis 1130 Hz* [ca. $\text{h}^1 - \text{cis}^3$] *bei Frauen verwendet. Der Name impliziert das Erreichen hoher Lagen. Üblicherweise korrespondiert es mit dem älteren Begriff Falsett.*
  Modalregisterphonation ist als Norm bedingungslos akzeptiert, da der glottische Zyklus, um den es hier geht, der Faktor ist, der das Register charakteri-

[22] Ders.: *Clinical Anatomy and Physiology of the Voice*, in: *Vocal Health and Pedagogy*, San Diego und London 1998, S. 21.

siert. Puls- und Loft-Register unterscheiden sich vom Modalregister in der Form und dem Spannungsverhältnis der Stimmfalteneinstellung.[23]

Johan Sundberg:

> *Die gebräuchlichste Beschreibung ist, dass ein Register einen Phonationsfrequenzbereich darstellt, in dem alle Töne so wahrgenommen werden, als seien sie auf ähnliche Weise entstanden und besäßen eine ähnliche Klangfarbe.*[24]
> *Ein Register umfasst einen bestimmten Bereich von Phonationsfrequenzen; verschiedene Register überlappen einander, so dass es möglich ist, eine gegebene Phonationsfrequenz in unterschiedlichen Registern erklingen zu lassen. Der Überlappungsbereich des modalen Registers der Männerstimme liegt im Bereich von 200 bis 350 Hz* [etwa der Tonhöhe g–f^1]. *Bei der Frauenstimme befinden sich die Überlappungsbereiche in der Umgebung folgender Phonationsfrequenzen: Brust-Mittel: 400 Hz* [Tonhöhe g^1] *und Mittel-Kopf 660 Hz* [Tonhöhe e^2]. *Der Registerüberlappungsbereich und die Registergrenzen sind individuell sehr verschieden.*[25]

Harry Hollien definiert 1974 den Registerbegriff wie folgt:

> *Ein Stimmregister ist ein vollkommen laryngealer Vorgang; es besteht aus einer Folge oder einem Bereich aufeinander folgender Stimmfrequenzen, die mit annähernd gleicher Phonationsqualität erzeugt werden können;* [...] *bezogen auf die Grundfrequenz gibt es kleine Überlappungen, und* [...] *eine sinnvolle Registerdefinition kann nur unter Zuhilfenahme von perzeptiven* [aufnehmenden], *akustischen, physiologischen und aerodynamischen Parametern erreicht werden.*[26]

Willard Zemlin:

> *Ein bestimmtes Stimmlippenvibrationsmuster ist normalerweise auf einen vorgegebenen Tonhöhenbereich bezogen. Sobald die Phonation über diesen vorbestimmten Frequenzbereich hinausgeht, passt sich das Vibrationsmuster der Stimmlippen dem danach folgenden Frequenzbereich an. Diese Anpassung der Stimmlippenvibrationen darf als Funktionsdefinition von Register angesehen werden.*[27]

[23] Baken, Ronald J.: *An Overview of Laryngeal Function for Voice Production*, in: *Vocal Health and Pedagogy*, San Diego und London 1998, S. 34f.

[24] Sundberg, Johan: *The Science of the Singing Voice*, Illinois 1987, S. 49.

[25] Ebd., S. 51.

[26] Ebd., S. 50.

[27] Zemlin, Willard R.: *Speech and Hearing Science, Anatomy & Physiology*[3], Englewood Cliffs, New Jersey 1988, S. 163.

Meribeth Bunch:

Die Existenz von Registern wurde über Jahre hinweg erörtert, Untersuchungen von Van den Berg (1968), Vennard (1972), Large (1968, 1972) und Hollien u.a. (1969, 1971) haben diesen Disput jedoch beendet. Heute gilt das Konzept der drei Basisregister: glottal fry (ein leicht knarrender, in niedriger Tonlage erzeugter Stimmklang), ein großer Bereich von normaler oder modaler Stimme (Mittel- und Kopfstimme einbezogen) und der Bereich des Falsetts und des Flöten- und Pfeifregisters in absoluter Tonhöhe. Glottal fry wird im Liedgesang nicht verwendet, einige Lehrer nutzen es jedoch, um die Stimmlippen zu entspannen. Die entscheidende Frage ist daher vielleicht, ob Registrierung nur eine Stimmlippenfunktion ist oder eine Kombination von Faktoren im gesamten supraglottischen Stimmtrakt. Eine befriedigende Lösung für dieses Problem gibt es nach wie vor noch nicht.[28]

Minoru Hirano:

Es gibt drei Hauptstimmregister: falsetto oder leicht, modal oder schwer und vocal fry. Das Falsettregister wird durch fehlenden Stimmbandschluss charakterisiert. Das Modalregister wird für jeden Vibrationszyklus von einem kompletten Stimmbandschluss begleitet und traditionell in Kopf-, Mittel- und Brustregister aufgeteilt. Vocal fry wird im Verhältnis zu seinem Vibrationszyklus durch eine extrem lange Schließphase gekennzeichnet.[29]

Harry Hollien, Oren Brown und Rudolf Weiss:

Eine vielleicht weniger doppeldeutige Definition besagt, dass der Begriff „Register" sich auf einen Teil des Tonbereichs innerhalb der menschlichen Stimme bezieht, bei dem ähnliche Klangqualitäten durch ähnlich erzeugte Stimmlippenvibrationen hervorgerufen werden. Es ist so gut wie unstrittig, dass Register durch die Aktivität der Kehle physiologisch erzeugt werden. Allgemein gilt, dass Register aus den unterschiedlichen Einstellungen von Dicke, Länge und Masse der schwingenden Stimmlippen resultieren und zum Teil dem Reichtum der harmonischen Obertöne entsprechen. […]

Es ist wichtig, sich daran zu erinnern, dass Register nicht alleine auf Kehlaktionen basieren, sondern auch von der Frequenz abhängen. Das Modal-Register, welches oft als Vollregister oder auch als Bruststimme bezeichnet wird, bildet mehr oder weniger den mittleren Frequenzbereich der menschlichen Stimme. In manchen Fällen überlappt es sich nicht einmal mit dem Sprechre-

[28] Bunch, Meribeth: *Dynamics of the Singing Voice;* Wien und New York 1982, S. 69f.

[29] Hirano, Minoru/Kirchner, John A./Bless, Diane M.: *Neurolaryngology, Recent Advances*; Publishing, San Diego, CA 1991, S. 212.

gister. In jedem Fall aber ist es der Tonbereich, in dem man am meisten spricht oder singt (Colton und Hollien, 1972; Hollien und Michel, 1968). Das Falsett-, Kopf- oder Loft-Register liegt oberhalb des Modalregisters. Andere Register außer dem Mittelregister werden kaum für den Gesang gebraucht und sind für die Basisdiskussion wenig bedeutungsvoll. Wenn das Mittelregister überhaupt existiert, so scheint es ein Teil des Modalregisters zu sein oder dessen oberen Bereich zu überlappen.[30]

Ingo Titze:

Registrierung wird sowohl beim Sprechen als auch beim Singen beobachtet. Typische Sprechregister sind: Puls- und Modalregister sowie Falsett (Hollien, 1974); typische Gesangs-Register sind Brust- und Kopfregister sowie Falsett. [...] *Allgemein wird angenommen, dass das Modalregister (das normale oder Modus- (mode) Register) und das Brustregister (das Register, das Vibrationen in der Luftröhre und am Brustbein auslöst) einander ähneln. Beide Register machen die typisch männliche Klangqualität in der Sprache und in der unteren Gesangslage aus. Das bedeutet eine Überlappung des Sprech- und des Gesangsregisters. Zum Beispiel wird das Kopfregister oft als eine Mischung von Brust und Falsett beschrieben. Dies ist die typisch männliche Qualität in der höheren Gesangslage und kommt der Klangqualität der weiblichen Sprechlage nahe.* [...] *Da die bisherigen physiologischen und akustischen Beschreibungen der Stimmregister so unvollkommen waren, blieb viel Raum für Debatten über die Anzahl identifizierbarer Register, ihre Namen, ihre Ursprünge und ihren pädagogischen Nutzen für die Stimmbildung.*[31]

Einige Widersprüche

Betrachtet man die bisher beschriebenen Definitionen, so drängen sich viele Fragen auf. Zum Beispiel: Wie können all diese Beschreibungen von Stimmregistern, angesichts der Widersprüche bei der Begriffsbezeichnung, der Anzahl der Register und dem zugewiesenen Tonbereich auf der musikalischen Skala, den praktizierenden Stimmpädagogen helfen? Wenn ein Register eine spezifische und unverwechselbare Kehlkopfbewegung reflektiert, wie Baken behauptet, wie kann dann das Modalregister so unterschiedliche Klangqualitäten wie Brust, Kopf oder tief, mittel, und hoch in sich vereini-

[30] Hollien, Harry/Brown, Oren/Weiss, Rudolf: *Another View of Vocal Mechanics*, in: *Journal of Singing*, Vol. 56, No. 1, September/Oktober 1999, S. 17f.

[31] Titze, Ingo R.: *Principles of Voice Production*, Englewood Cliffs, New Jersey 1994, S. 252f.

gen? Ist es möglich, dass das Modalregister zur gleichen Zeit viele verschiedene andere Register in sich vereinigt, wie auch immer diese zu definieren sind? In diesen Interpretationen spiegelt sich die Verdrängung der Registerfrage und ihrer Bedeutung für die Singstimme.

Im Gegensatz zu Baken, der das Modalregister in fünf unterschiedliche Register aufteilt, und zu Bunch, der es in zwei Teile spaltet, unterteilt Hirano das Modalregister in drei Teile. Dies offenbart einen weiteren Widerspruch. Wenn das Modalregister allgemein als legitimes Register akzeptiert ist, worin liegt dann der Unterschied zwischen den Modalregisterdefinitionen von Baken, Bunch oder Hirano und warum weichen ihre Unterteilungen so weit von einander ab? Anstatt das Modalregister wie bei Baken, Bunch und Hirano zu unterteilen, verbinden Titze, Hollien, Brown und Weiss es mit der Bruststimme. Sataloff aber definiert „modal" als Terminus, der sich meistens auf die Sprache bezieht und für die Stimmqualität von gesunden Sprechern gilt. Wieder muss man fragen, wie können diese Formulierungen Stimmpädagogen helfen, ein auf wissenschaftlicher Kenntnis basierendes praktizierbares Schulungsprogramm aufzubauen?

Zemlins Deutung bestimmt ein Register als *Anpassung von Stimmlippenvibrationen an einen bestimmten vorgegebenen Tonhöhenbereich*. Baken dagegen behauptet, dass der Umfang des Modalregisters von *75 bis 450 Hz bei Männern und von 130 bis 520 Hz bei Frauen* reiche. Innerhalb dieses extrem großen Tonumfangs von Bakens Modalregister müsste die Anpassung von Stimmlippenvibrationen unzweifelhaft sehr häufig geändert werden. Zemlins Definition zufolge müsste dieser Tonumfang viele verschiedene Register benutzen: ein eindeutiger Widerspruch.

Mit Hilfe eines Taschenspielertricks behauptet Meribeth Bunch anfänglich, es gäbe drei Register, am Ende aber sind es plötzlich sechs. Wenn sie darauf verweist, dass *Falsett, Flöten- und Pfeifregister ganz oben* sind, ist nicht klar, ob sie das Falsett als separates Register oder als Teil des Flöten- und Pfeifregisters betrachtet oder ob das Flöten- und Pfeifregister selbst getrennte Register sind. Während Bunch das Falsett im absolut höchsten Tonbereich einer Stimme ansiedelt, ordnet es Sundberg einer tieferen Lage als Bunch zu und zwar bei Männern dem *Überlappungsbereich* von 200 bis 350 Hz (Tonhöhen ca. g–f^1). Wenn ein Stimmregister als Stimmfaltenvibration oder als eine Reihe aufeinander folgender Stimmfrequenzen definiert ist, wie kann dann ein als Register verstandenes Falsett in so weit voneinander entfernt liegenden Tonbereichen angesiedelt sein? Wie kann außerdem der Tonbereich des Falsetts nach Sundberg etwas mit dem Tonbereich des Modalregisters bei Baken gemeinsam haben? Interessant ist zudem, dass Sundberg das Vorhandensein des Falsetts bei Frauen zum Beispiel nicht bestätigt und Baken das Falsett ganz übergeht.

Hollien, Brown und Weiss platzieren das Falsett, Kopf- oder Loftregister in den Tonbereich oberhalb des Modalregisters. Stehen diese drei verschiedenen Namen für die gleiche Tonqualität, oder handelt es sich eher um drei verschiedene Tonqualitäten, die den gleichen Tonhöhenbereich teilen? Wenn Letzteres zutrifft, woher kommen dann die Unterschiede? Außerdem unterscheidet sich die eben genannte Falsettgruppierung in Kopf- und Loftregister von dem Flöten- und Pfeifregister, mit dem Bunch das Falsett identifiziert. Hollien und andere machen alles noch komplizierter, wenn sie meinen, ein Mittelregister separat vom Modalregister erkennen zu können. Allerdings soll dieses schwer zu definierende Register nur gelegentlich in Erscheinung treten.

Ingo Titze begreift die Verwirrungen der Registerdefinitionen, wenn er schreibt, *die bisherigen physiologischen und akustischen Beschreibungen der Stimmregister sind unvollkommen.* Diese Behauptung ist unter den Stimmwissenschaftlern allgemein weit verbreitet, wissenschaftlich aber ist sie nicht nur inakzeptabel, sondern stellt sogar einen gefährlichen Eingriff sowohl in die theoretische als auch in die praktische Stimmpädagogik dar. Sobald konkrete und überprüfbare Theorien fehlen (abgesehen von den unvollständigen physiologischen und akustischen Beschreibungen), entfernt sich die Stimmwissenschaft von dem eigentlichen Problem, nämlich der Entwicklung von Abläufen, welche die individuelle Gesangsfähigkeit verbessern.

Alle zuvor zitierten wissenschaftlichen Analysen basieren zweifellos auf den Erkenntnissen der Physiologie und Akustik. In den meisten Gesichtspunkten ist die Vorstellung der Registrierung zwar ähnlich, da alle der Ansicht sind, dass die physischen Dimensionen der Stimmfalten ein Register darstellen. Der grundlegende Denkfehler liegt hier jedoch in der gänzlichen Missachtung der Tatsache, dass für gesungene Tonqualitäten glottische Dimensionen zwar unbedingt notwendig sind, diese aber nur eine Folge der verschiedenen agonistischen und antagonistischen komplexen Muskelaktivitäten darstellen. Was in allen bisher zitierten Definitionen fehlt, ist die Identifizierung eines mechanischen Bewegungsprinzips, mit welchem wir das interaktive Potenzial der unwillkürlichen Kehlkopfmuskulatur, deren Aktivität diverse glottische Dimensionen erst ermöglicht, kontrollieren können. Wenn Gesangspädagogen die Stimmwissenschaft ernst nehmen, kann eine mechanische Theorie nicht auf einer diffus definierten Registerterminologie basieren.

Registerüberlappung und Registerintegration

Ein weiteres ungelöstes Problem ist das sich Überlappen benachbarter Register. Bakens Definition behauptet, dass *Kehlkopfregister kaum Überlappungen mit anderen Registern* aufweisen, während Sundberg eine Überlappung von knapp einer Oktave erkennt. Im Gegensatz zu Sundberg, aber in Übereinstimmung mit Baken, stellt Hollien kaum Überlappungen bei Grundfrequenzen fest. Dagegen meint Sataloff (eher in Übereinstimmung mit Sundberg), dass *eine Überlappung der Frequenzen innerhalb der Register regelmäßig stattfindet.*[32]

Eins ist sicher: Solange glottische Dimensionen und/oder bestimmte Tonhöhenbereiche als Register bezeichnet werden, können die bisher genannten Theorien keine sinnvolle Erklärung für die dritte unverwechselbare Klangerscheinung geben, die dann auftaucht, wenn sich die Bruststimme und das Falsett innerhalb eines identischen Tonhöhenbereichs von ca. 220 bis 350 Hz ($a-f^1$) integrieren. Für dieses spezielle Phänomen konnte die Stimmwissenschaft bisher keine rationale und konsequente Erklärung liefern. Eine weitere kuriose Besonderheit ist die Tendenz, Tatsachen zu ignorieren, die belegen, dass eine erfolgreiche Fusion des Falsetts mit der Bruststimme eine echte Möglichkeit darstellt. Eine der seltenen Ausnahmen bildet die Feststellung van den Bergs, dass physische Abläufe nötig seien, um eine Verbindung des Falsetts mit der Bruststimme zu bewirken. Wie James Stark schreibt, geht Janwillem van den Berg davon aus, dass

> „[...] *Register durch einen allmählichen Wechsel zwischen aktiver und passiver Längsspannung vereint werden können. Diese Mischung zwischen Brust und Falsett könnte Mittelstimme* [mid-voice] *genannt werden.* [...] *die mid-voice ist eigentlich kein eigenständiges Register, sondern eine Mischung von Brust- und Falsettregister."*
> *Einige Gesangslehrer behaupten, dass die beiden Vibrationsmuster der Primärregister verbunden werden könnten. Allerdings ist es schwer, van den Bergs Behauptung, dass die Register durch wechselseitige zweckgebundene Anpassungen des Kehlkopfs verursacht werden, mit seiner parallelen Theorie in Einklang zu bringen, dass die mid-voice eine Vereinigung derselben zweckgebundenen Anpassungen seien.*[33]

[32] Sataloff, Robert Thayer: *Physical Examination,* in: *Vocal Health and Pedagogy,* San Diego und London 1998, S. 99.

[33] Stark, James: *Bel Canto, A History of Vocal Pedagogy,* Toronto 1999, S. 86f.

Die zwei Behauptungen van den Bergs können jedoch sehr gut in Einklang gebracht werden, wenn man die zweckgebundenen Anpassungen des Kehlkopfs mit dem Cricothyreoid- und dem Arytaenoid-Muskelsystem in Zusammenhang bringt, die als Spanner der Stimmlippen agieren. Wenn zwei muskuläre Einstellungen (erstens die kräftige Arytaenoid-Spannung des Vocalis, die die Bruststimme erzeugt, und zweitens die aktive Zunahme der Cricothyreoid-Spannung, die das Falsett hervorruft) sich entsprechend der Tonhöhe und Intensität der gesungenen Phrase graduell anpassen, um ein bestimmtes Gleichgewicht herzustellen, dann entsteht zweifellos das Tonprodukt, das van den Berg *mid-voice* nennt. Gemäß der Tradition des 19. Jahrhunderts bezeichnete Manuel Garcia diese Klangqualität als *medium* und Francesco Lamperti als *gemischt*. Die Weigerung der Stimmwissenschaftler sowohl die Theorie als auch die praktische Nutzung der Registerverbindung zu akzeptieren, hängt direkt mit dem missverstandenen Prinzip der Registermechanik zusammen. Donald G. Miller ist ein Beispiel für dieses Versäumnis, wenn er schreibt:

> *Gleichzeitige Aktivierung von Brust- und Falsett-Stimmlippeneinstellungen, auch wenn sie machbar sind, ist beim Gesang nicht anwendbar, und sogar die Fähigkeit, unmerklich von einem Ton zu einem anderen zu gleiten, ist eher eine außergewöhnliche Gabe als ein pädagogisches Ziel. Die Fähigkeit, Register zu verbinden, ist ein wichtiges Charakteristikum einer gut trainierten Stimme, aber sie wird durch andere Mittel bewirkt als durch die prozentuale Verbindung von Brust- und Falsettklang.*[34]

Die richtige Koordination zwischen Bruststimme und Falsett ist eine außergewöhnlich schwierige pädagogische Herausforderung. Die Technik, diese zwei Stimmqualitäten miteinander zu verbinden, war vor dem 20. Jahrhundert vier Jahrhunderte lang ein integraler Bestandteil der Stimmpädagogik. Diesen Vorgang nicht zu bemerken oder abzutun, bedeutet, eine Theorie der Stimmmechanik auszurangieren, die sich als funktional effektiv und unabdingbar für die optimale Entwicklung technischer Fähigkeiten bewährt hat.

Die Registerverbindung in der Stimmwissenschaft

Die Entwicklung des Potenzials des stimmlichen Materials erfordert Lösungen, die die Verbindung des Falsetts mit der Bruststimme zum Inhalt haben.

[34] Ebd., S. 87.

Wissenschaftliche Erkenntnisse über diese physiologische Verbindung liegen seit Langem vor, wie bei Ingo Titze zu lesen ist:

> [...] *ein effektiver Weg, Registerbrüche zu eliminieren, ist, die Thyreo-Arytaenoid-Muskulatur zu trainieren, sich in Koordination mit der ansteigenden Cricothyreoid-Muskel-Aktivität graduell zu deaktivieren. Bei ihrer elektromyographischen Untersuchung zeigten Hirano, Vennard und Ohala (1970), dass diese Strategie in der Tat von gut trainierten Sängern verwendet wurde. Sobald die Tonhöhe anstieg, ließ die TA-Aktivität* [Thyreo-Arytaenoid-Aktivität] *in Relation zur CT-Aktivität* [Cricothyreoid-Muskel-Aktivität] *ab und es gab keine plötzliche Freisetzung von TA-Aktivität. Die differenzierte Kontrolle dieser zwei inneren Kehlkopf-Muskelsysteme ist eine der schwierigsten Aufgaben der Stimmbildung überhaupt.*[35]

Trotz der substantiellen Übereinstimmung in diesem Punkt bei den genannten Autoritäten, bleibt die Frage offen, warum man diesen mechanischen Abläufen in der Kehle nicht intensiver nachgegangen ist. Ein korrektes Management des Verbindungsprozesses durch *differenzierte Kontrolle der zwei inneren Kehlkopf-Muskelsysteme* sowie die Anwendung der *Strategie von gut trainierten Sängern* legen das Problem und das Ziel von Stimmentwicklung dar; allerdings liegen keine konkreten Vorschläge vor, wie die Fähigkeiten zur Erreichung dieses Ziels zu erlangen sind. Es wurden Versuche unternommen, Probleme der Registerverbindung zu erklären, aber aus einem einfachen Grund wurden falsche Schlüsse gezogen:

> Probleme, deren Wurzeln physiologischer Natur sind, kann man nicht mit Gesetzen der Akustik lösen.

Die Benutzung von Hilfsmitteln – wie Nachahmung akustischer Signale (Stimmklang), Decken der Stimme (was die Vokalbildung verzerrt), Atemstütze (die dazu tendiert, das gesamte Atmungssystem zu destabilisieren) und ähnliche Mittel, die das Problem nicht an der Wurzel packen – kann eher dazu führen, einen unerwünschten technischen Zustand zu verschlimmern.

Die Lösung des Problems der Registervereinigung hängt vom Verständnis der mechanischen Abläufe ab, die eine Vereinigung des Falsetts mit der

[35] Titze, Ingo R.: *Principles of Voice Production*, Englewood Cliffs, New Jersey 1994, S. 273.

Bruststimme ermöglichen. Genau dieser Prozess wird von Titze beschrieben, wenn er von der Notwendigkeit spricht, *die Thyreo-Arytaenoid-Muskulatur zu trainieren, sich in Koordination mit der ansteigenden Cricothyreoid-Muskel-Aktivität graduell zu deaktivieren, um effektiv Registerbrüche zu eliminieren.* Was Titze und seine Berufskollegen oft übersehen, ist die Beziehung der Thyreo-Arytaenoid-Aktivität (der Bewegung des Vocalis-Muskels) zur Klangqualität, die man als Bruststimme wahrnimmt, oder die Beziehung der Cricothyreoid-Aktivität zum Tonergebnis, das man als Falsettklang hört. Die Beobachtung, dass bei absteigender Intonation die Spannung der Thyreo-Arytaenoid oder Vocalis-Muskeln zunimmt und damit eine Verdickung und Verkürzung der Stimmfalten bewirkt, findet allgemeine Zustimmung. Wenn diese Spannungssteigerung mit hoher Lautstärke ausgeführt wird, erzeugt dieses Spannungsverhältnis die Klangerscheinung der Bruststimme. Ebenso wird die Beobachtung anerkannt, dass bei ansteigender Intonation die Spannung der Cricothyreoid-Aktivität zunimmt und damit längere und dünnere Stimmlippen verursacht. Wenn diese Spannungssteigerung mit geringer Lautstärke ausgeführt wird, ruft dieses Spannungsverhältnis das Klangergebnis Falsett hervor. Diese physiologischen Abläufe lassen eine Unzahl verschiedener Interaktionen muskulärer Balance zu, welche in direkter Relation zu ihrer tonalen Entsprechung (dem gesungenen Ton) stehen.

Das wichtigste Puzzleteil übersehen die Stimmwissenschaftler allerdings: Wie und womit kann man diese zwei Kehlkopf-Muskelsysteme überhaupt differenziert kontrollieren? Dies scheint eine der schwierigsten Aufgaben der Stimmbildung überhaupt zu sein. Die einzige Möglichkeit, eine gewisse Art von Kontrolle zu erlangen, besteht darin, speziell zugeschnittene musikalische Übungen und Tonskalen einzusetzen. Physiologisch gesehen, bewirken diese Übungen den Ausgleich des Spannungsverhältnisses zwischen dem Cricothyreoid- und dem Arytaenoid-Muskelsystem und die Formveränderung der Stimmlippendimensionen. Das tonale Klangergebnis ist vom Spannungsverhältnis der beiden Muskelsysteme untereinander abhängig und erscheint entweder als Bruststimme, als Falsettstimme oder auch als koordinierte Version beider Tonqualitäten.

Von der Theorie zur Praxis

Das Verständnis der oben skizzierten Möglichkeiten kann einen erfolgreichen Brückenschlag zwischen den Registern bewerkstelligen. Zu Beginn dieses Prozesses müssen zunächst einmal Bruststimme oder Falsettklang als solche vom Ohr bewusst erkannt werden. Durch die Verwendung einer ganz bestimmten musikalischen Übung aus Tonhöhe, Lautstärke und Vokal wird die oben beschriebene Registermechanik ausgelöst, und die Verbindung der zwei primären Tonqualitäten (Brust- und Falsettstimme) wird eine reale Möglichkeit. Selbstverständlich lässt sich die Thyreo-Arytaenoid-Aktivität nicht willentlich reduzieren. Aber man kann den Schüler bitten, mit dem Bruststimmenklang weniger Lautstärke zu erzeugen, um damit die Thyreo-Arytaenoid-Aktivität zu vermindern. Ebenso kann man den Schüler auffordern, mit extrem geringer Lautstärke zu singen, was die Zunahme der Cricothyreoid-Aktivität bewirkt (Falsettklang). Dies sind nur zwei Beispiele unter vielen, die zeigen, wie indirekte Kontrolle über eine unwillkürliche gesteuerte Kehlkopfmuskulatur erreicht werden kann.

Will man die Mechanik der Registerverbindung oder die Überbrückung eines Registerbruchs (*passaggio*) verstehen und in die Praxis umsetzen, sind zwei die Registrierung betreffende fundamentale Fakten zur Klarstellung erforderlich.

- Die Bedeutung des Begriffs „passaggio“: Es ist bekannt, dass der Stimmklang sich in zwei verschiedene Tonqualitäten spaltet und deswegen einen Übergang erfordert, der passiert werden muss. Einerseits klingt die Stimme robust und wird traditionell als Bruststimme bezeichnet. Andererseits ist die Tonqualität schwach und wird als Falsettklang wahrgenommen.
- Zusätzlich ist bekannt, dass ein gemeinsamer Tonhöhenbereich zwischen beiden genannten Tonqualitäten existiert, der als Registerübergang bezeichnet wird. Sofort fallen dabei die Gegensätzlichkeit der beiden Tonqualitäten und das unterschiedliche Lautstärkeniveau dieser „zwei Stimmen“ auf. Wenn diese gegensätzlichen Klangqualitäten in Einklang gebracht werden sollen, müssen sie sich einer Umwandlung unterziehen. Die Lösung hierfür lautet, die Intensität des robusten Stimmklangs durch geringere Lautstärke zu reduzieren und den schwächeren Stimmklang durch erhöhte Lautstärke zu kräftigen.

Um das passaggio zu bewerkstelligen, muss die aggressive Qualität der Bruststimme über den gemeinsamen Tonumfang hinweg so gemäßigt werden, dass eine Klangqualität entsteht, die in der Belcanto-Ära als *mezzo-petto* (mit halber Bruststimme) bekannt war. Im nächsten Schritt muss diese mezzo-petto-Qualität ohne merkliche Lautstärkenzunahme aufrechterhalten werden, sobald sich die Tonhöhe dem passagio nähert und darüber hinausgeht, damit sich die mezzo-petto-Qualität allmählich in eine *mezzo-falso*-Qualität (halb falsettige Qualität) verwandelt. Sobald sich die Spannungsmuskeln, die die glottischen Dimensionen regulieren, diesem Balanceakt angepasst haben, muss man die Lautstärke allmählich so steigern, damit sich die mezzo-petto- und mezzo-falso-Tonqualitäten verbinden können, um ein *voce piena* oder eine Vollstimme entstehen zu lassen. Nachdem diese Fusion stattgefunden hat, sollte das *Messa di voce* (das allmähliche An- und Abschwellen eines Tones) in Angriff genommen werden. Zu Beginn eines Messa di voce soll die Tonqualität einer mezzo-falso (halb falsettigen) Stimmgebung entsprechen, d. h. sanft und klar sein. Bei allmählich zunehmender Lautstärke wird der Ton noch klarer und gleicht eher der Klangqualität einer mezzo-petto (halb brustigen) Stimmgebung und zuletzt einer voce piena (der Vollstimme). In der Diminuendo-Phase des Messa di voce tauchen diese Qualitäten in umgekehrter Reihenfolge auf und kehren zuletzt zu einem klaren mezzo-falso zurück.

So betrachtet, ist das Messa di voce nicht nur ein Kunstgriff, sondern eine pädagogische Übung, deren Zweck es ist, zu beweisen, dass die zwei Muskelsysteme, die als Spannungsmuskulatur der Stimmlippen agieren, präzise ausbalanciert sind und dass sowohl die Brust- als auch die Falsettstimme bei der Tongebung völlig integriert sind.

Generell kann man sagen, dass diese Übungen grundsätzlich auf dem Vokal „a" gesungen werden sollten, da dieser Vokal zu mehr Bruststimmenaktivität führt und bei geringerer Lautstärke eine reibungslosere Verbindung mit dem Falsettregister ermöglicht. Dennoch sollten im Entwicklungsprozess alle Vokale angewendet werden.

Bei der Verbindung der Bruststimme mit dem Falsett ist die allgemeine individuelle stimmliche Verfassung als sehr wichtiger Faktor zu berücksichtigen. Werden nämlich die oben beschriebenen Übungen von einem Schüler mit unausgewogenen Spannungsverhältnissen ausgeführt, wird man zweifellos ein negatives Resultat erzielen. Ein weiterer kritischer Faktor ist die Notwendigkeit, sowohl die Bruststimme als auch das Falsett unabhängig voneinander zu optimaler Kraft zu entwickeln, bevor die letzte Stufe koordinierter Interaktion überhaupt stattfinden kann. Sind die beiden Register Brust und Falsett falsch mit einander verbunden, müssen sie zuerst kurzzeitig getrennt werden, ehe ein Vereinigungsprozess überhaupt in Gang gesetzt werden kann. Diese Trennung ist aber nur in extremen Fällen notwendig.

Zur Erlangung der Kontrolle über die unwillkürliche Kehlkopfmuskulatur besteht nur die indirekte Möglichkeit, ein wirkendes Prinzip oder eine mechanische Gesetzmäßigkeit zu nutzen. Eine Übung, bei der Tonhöhe,

Lautstärke und Vokal in unterschiedlichen Kombinationen angeboten werden, stellt eine solche Gesetzmäßigkeit dar. Diese Übungskombinationen regulieren ganz exakt das Spannungsverhalten der Cricothyreoid- und der Arytaenoid-Muskulatur, wobei deren Spannungsverhältnisse die Konfiguration der Stimmfalten beeinflussen. Durch diese besondere Art von Interaktion wird es möglich, die Bruststimme und das Falsett prozentual zu verbinden, dadurch eine bruchlose Stimmgebung zu entwickeln und damit Registerbrüche zu eliminieren.

Warum so viel Wirbel um Register?

Dass Kehlkopfmuskeln die Ereignisse, die an der Klangquelle stattfinden, regeln, darin sind sich alle Stimmwissenschaftler einig. Ebenso findet die These allgemeine Anerkennung, dass Klänge, die man als Stimmregister wahrnimmt, vom Kehlkopf und seinen Muskeln erzeugt werden. Dies zeigt die pädagogische Bedeutung der Stimmregister und erklärt, warum sie für das Verständnis der Stimmmechanik so notwendig sind. Mit dem Wissen, wie die Übungen aus Tonhöhe, Lautstärke und Vokal die Stimmregister anregen und beeinflussen, erzielt man eine indirekte Kontrolle über die unwillkürlichen Muskelsysteme, die zur Korrektur der meisten Stimmfehler direkt an ihrer Quelle führt.

Wenn die Koordination der Kehlkopfmuskelsysteme für die Registerfrage so wichtig ist, warum ist dann so wenig Forschung betrieben worden, um herauszufinden, was Frederick Husler und Yvonne Rodd-Marling meinten, als sie von *Aufschließungsarbeit*[36] sprachen, ein Prozess der den Stimmmechanismus befreit? Stattdessen konzentrierte sich die Forschung fast ausschließlich auf die für sie wichtigsten Kontrollfaktoren wie Atmung, Stütze, visuelles Feedback, artikulatorische Anweisungen (wie z. B. einen Lippentriller) und den akustischen Einfluss des Vokaltrakts – die Formanten. In diesem Zusammenhang stellt sich abermals die Frage, wie es anhand der hier genannten Kontrollfaktoren möglich ist, die wechselnde Spannungsbalance der Kehlkopfmuskulatur, die für die Stimmritzenaktivität notwendig ist, zu bewerkstelligen?

Die Herausforderung lautet: Sind gegenwärtige wissenschaftliche Untersuchungen in der Lage, Gesetzmäßigkeiten zu etablieren, um Probleme wie einen verkürzten Tonumfang, ungleichmäßige Tonproduktion, schlechte

[36] Husler, Frederick/Rodd-Marling, Yvonne: *Singen, die physische Natur des Stimmorgans*[2], Mainz 1978, S. 18.

Atemökonomie, unreine Vokale, Kehlsteifigkeit, Kiefer- und Zungenverspannung und andere Stimmschwächen zu lösen? Es ist offensichtlich, dass die Forschungen dies bislang nicht gewährleisten.

Wissenschaft und ihre selbst auferlegten Grenzen

Bei der Überprüfung zahlreicher stimmwissenschaftlicher Publikationen wird deutlich, dass die Studien auf einer Sammlung physiologischer und akustischer Daten von Versuchspersonen beruhen, deren Stimmtechnik fragwürdig ist. Abgesehen von ganz wenigen Fällen ist keine Untersuchung mit dem Ziel durchgeführt worden zu zeigen, wie Stimmfehler korrigiert werden können oder wie der Stimmmechanismus entwickelt werden kann, damit seine Funktionen effizienter werden. Man sollte den Fokus eindeutig sowohl auf die Forschung als auch auf die Pädagogik legen, um den technischen Stand eines stimmbegabten Menschen auf das Niveau bringen zu können, das seinem Potenzial entspricht.

Wenn es darum geht, praktische Lösungen für Stimmprobleme zu finden, versagt die Stimmwissenschaft. Dies kann unterschiedliche Ursachen haben. Ein Grund sind unseriöse Studien, mit denen nur Zeit verschwendet wird. Eine Liste solcher Studien ist in einem Artikel von Hollien, Brown und Weiss zu finden:

> *Einige der Wissenschaftler untersuchten, wie lange eine Mensch einen Note aushalten kann (Ptacek, Sander, Manoley und Jackson 1966) oder wie alt eine Person klingt (Hollien und Shipp 1972; Huntley, Hollien und Shipp 1987; Ptacek und Sander 1966; Shipp, Qi, Huntley und Hollien 1992) oder welche höchste oder tiefste Frequenz ein Mensch zum Klingen bringen kann (Gelfer 1989; Hollien, Dew und Phillips 1971; Reich, Frederickson und Schlauch 1990).* [...] *Dutzende von Studien können kombiniert werden, um zu zeigen, dass die männliche Sprechstimme durchschnittlich bei 115 Hz liegt (d. h. Schwingungszahl oder Schwingungszyklen pro Sekunde), Frauen bei durchschnittlich 200 Hz und Kinderstimmen sogar höher liegen (Bennett 1983; Brown u. a. 1991; Curry 1940; de Pinto und Hollien 1982; Duffy 1970; Hollien u. a. 1994, 1997; Hollien und Jackson 1973; Hollien und Shipp 1972; Krook 1988; Linke 1973; Mysak 1959; Stoicheff 1981).*[37]

[37] Hollien, Harry/Brown, Oren/Weiss, Rudolf: *Another View of Vocal Mechanics: Journal of Singing*, Vol. 56, No. 1, September/Oktober 1999, S. 12.

Weiterhin behaupten diese Wissenschaftler, dass *das Wissen um diese Beziehungen für Pädagogen wichtig sei, um den Stimmmechanismus richtig verstehen zu können.*[38] Diese Studien stehen aber nicht mit einem praktischen Entwicklungsprogramm in Verbindung, dessen Ziel es ist, die Qualität der Kehlfunktion zu verbessern.

Positiv ist zu bewerten, dass bestimmte grundlegende Vorgehensweisen entwickelt wurden, die für wissenschaftliche Untersuchungen wichtig sind. Unter anderem sind dies die Datengewinnung durch Untersuchungsgeräte, Diagramme und Kurven, um die gesammelten Daten mit theoretischen Formulierungen aufzuzeichnen, die in mathematischen Formeln ausgedrückt werden. Diese Informationen in ein praktizierbares Stimmkonzept umzuwandeln, ist sehr kompliziert, wenn nicht gar unmöglich. Kurz gesagt, Stimmwissenschaftler wissen, wie der Stimmmechanismus funktioniert. Was sie aber nicht wissen, ist, wie sie mit ihren Untersuchungsergebnissen eine Gesetzmäßigkeit entdecken können, die bei richtiger Anwendung in der Lage ist, die Arbeit des Stimmmechanismus zu verbessern. Als Konsequenz daraus werden Studenten an Praktiken herangeführt, die grundsätzlich oberflächlich sind. Diese beinhalten:

- Singen in ein Mikrofon, um die Vibrationsmuster auf einem Bildschirm sehen zu können;
- die Überbetonung des Sängerformanten (eine Kehleinstellung, die die Stimme zum Klingen bringt), ohne einen Unterschied zwischen gut klingender Klangqualität und einer falsch brillierenden Klangqualität (die man mit Kehlverengung assoziiert) zu machen, welche technisch zerstörend wirkt;
- die Abhängigkeit von Atmungstechnik und einer Überbetonung der Bauchstütze, die zu körperlicher Steifheit führt und das Gleichgewicht des tonalen Systems stört, wodurch ein Forcieren der Stimme unvermeidbar wird.

Warum sind diese Denkansätze oberflächlich? Weil keiner dieser Ansätze den wichtigsten Aspekt der Stimmmechanik anspricht, nämlich das interaktive Spiel der Cricothyreoid- und der Arytaenoid-Muskulatur, die die Stimmlippen in Spannung versetzen. Diese muskuläre Interaktion ist der Kernpunkt der pädagogischen Aufgabe. Erst wenn man weiß, wie diese zwei Muskelsysteme effizient agieren können, kann echter stimmtechnischer Fortschritt erzielt werden.

[38] Ebd.

Ein typisches Beispiel für das Scheitern wissenschaftlicher Lösungen für die ungeklärte Stimmproblematik zeigt ein Artikel von Donald G. Miller und James Doing mit dem Titel: *Male Passaggio and the Upper Extension in the Light of Visual Feedback* (*Das passaggio bei Männerstimmen und seine Weiterführung in die Höhe im Blick visueller Rückmeldung*). Wie der Titel besagt, ermöglicht das visuelle Feedback dem Sänger während des Singens die wechselnden akustischen Signale seiner Stimme zu sehen. Die Absicht dieser Methode ist es, den Sänger zu informieren, wann bei seiner Stimmgebung die gewünschte harmonische Schwingung (d. h. der Sängerformant) fehlt, und ihm zu helfen, sich dem vorgestellten Tonideal zu nähern, den Übergang im Bruchbereich überbrücken und größere Freiheit in der oberen Tonlage erreichen zu können. Miller und Doing berichten in ihrem Artikel von dem Versuch, den Bruch eines jungen Tenors zu glätten, um in den oberen Tonumfang zu gelangen. Der Schüler hatte bis zu diesem Zeitpunkt keinerlei Erfolg bei dieser Bemühung. Nach einigen Versuchen mit dem visuellen Feedback erzielten die Wissenschaftler dennoch kein positives Ergebnis und mussten zugeben:

> [...] *dass dieser Student mindestens zu diesem Zeitpunkt komfortabler und effizienter in seiner Baritonlage singt. Vielleicht könne er zukünftig, wenn er bessere Gewohnheiten in der Behandlung seines Bruches etabliert hat, dann auch die Tenorlage bewältigen.*[39]

Dies wirft die Frage auf: Wie kann eine visuelle Feedback-Maschine einen wünschenswerten technischen Status hervorbringen, wenn dieser Zustand (technisches Niveau) überhaupt noch nicht existiert. Die oben beschriebene akustische Analyse wurde bei Aufnahmen einiger bekannter Tenöre angewendet, die das hohe b^2 am Ende der Arie *Celeste Aida* sangen. Ich selbst habe eine Vorführung dieser Untersuchungseinheit durch Dr. Miller während eines Kongresses des Bundesverbands Deutscher Gesangspädagogen in München 1997 miterlebt. Es ist zwar wahr, dass in den verschiedenen Aufnahmen jeder der beiden Tenöre akustisch den dominanten Sängerformanten gezeigt hat. Allerdings wurde nie geklärt, warum Domingo das b^2 nur kurz auf einem dynamischen Niveau hielt, während Corelli den Ton nicht nur mit Leichtigkeit sang, sondern ihn allmählich sogar zu einem Pianissimo zurückführen konnte.

[39] Miller, Donald G./Doing, James: *Male Passaggio and the Upper Extension in the Light of Visual Feedback*, in: *Journal of Singing*, Vol. 54, No. 1, März/April 1998, S. 10.

Etwas fehlt in Miller/Doings Konzeption! Domingo und Corelli konnten beide sehr erfolgreich die Ressourcen der Sängerformanten nutzen. Corelli aber besaß eine freiere Stimmtechnik und sang mit größerem mechanischem Geschick. Zum Erreichen eines hohen Tones gehört mit Sicherheit mehr als das bloße Vorhandensein eines Sängerformanten. Der Grund für das Scheitern des Experimentes von Miller und Doing liegt in der Wahl des falschen Mittels. Den wichtigsten Einfluss auf die Regulierung des Glottisverhaltens haben zuerst die Muskelsysteme, die die glottischen Dimensionen bestimmen, und sekundär das Vorhandensein der Formantstruktur. So gesehen irrten Miller und Doing, indem sie ein akustisches Gesetz anwendeten, um ein physiologisches Problem zu lösen.

Warum ist dies ein Fehler? Während die akustischen Gesetze bis zu einem gewissen Grad glottische Dimensionen und damit auch die Kehlmuskelaktivität beeinflussen, stellen diese Gesetze selbst jedoch weder eine mechanische Aktion noch ein physiologisches Wirkungsprinzip dar und geben deshalb auf die Frage der Registerverbindung zwar eine wichtige, aber keine vollständige Antwort. Sundberg zeichnet ein klares Bild der Vorrangigkeit von Kehlmuskelaktivität vor den akustischen Einflüssen:

> [...] *man hat die Hauptverantwortlichkeit der Muskulatur zu überlassen, die das Verhalten der Stimmlippen reguliert.*[40]

Weil die Lösungen von Miller und Doing nicht zufrieden stellend ausfielen, suchten andere Forscher an anderer Stelle. Hollien, Brown und Weiss umgingen das Problem, indem sie die Verantwortlichkeit auf die individuelle Anregung durch den Lehrer mit folgendem Dementi verlagerten:

> [...] *wie das Ganze ausgeführt wird, hängt allein von der Fähigkeit und Orientierung der Lehrkraft ab.*[41]

Folgt man dieser Anschauung, so ist es kaum möglich, eine Verbindung zu einer wissenschaftlichen Methode herzustellen.

Noch weiter entfernt von der Physiologie und der Akustik ist der Lippentriller, ein pädagogisches Hilfsmittel, das Ingo Titze verteidigt. Er begründet dies mit folgendem „Beweis“:

[40] Sundberg, Johan: *The Science of the Singing Voice*, Northern Illinois 1987, S. 16.

[41] Hollien, Harry/Brown, Oren/Weiss, Rudolf: *Another View of Vocal Mechanics*, in: *Journal of Singing*, Vol. 56, No. 1, September/Oktober 1999, S. 18.

Als ich Gesangslehrer und Theater-Coaches (nennen wir sie Vocologisten) nach dem Nutzen dieser Übung fragte, antworteten sie gewöhnlich Folgendes: „Es ist leicht für die Stimmlippen, hält aber das Atmungssystem bei voller Energie." Die Aussage besitzt wissenschaftliche Gültigkeit [...], *ein physikalisches Gesetz sagt, dass der Druck zwischen den Lippen und der Druck zwischen den Stimmlippen dem Druck in der Lunge entsprechen.*[42]

Die Frage, die sich angesichts dieses außergewöhnlichen Standpunkts zuerst aufdrängt, ist, warum ein Stimmwissenschaftler einen Nichtwissenschaftler zum pädagogischen Wert einer Übung oder Theorie befragt. Wäre Titze einer anerkannten wissenschaftlichen Methode gefolgt, hätte er den Wert und den Nutzen des Lippentrillers als brauchbares pädagogisches Mittel in Frage gestellt. In der wissenschaftlichen Praxis ist es üblich, Experimente nicht zur Bestätigung durchzuführen, sondern Behauptungen zu widerlegen. Was Titze hierbei übersehen hat, ist die Bedeutung des proportionalen Anstiegs der Kehlmuskelspannung, der notwendig ist, um die Stimmlippen so zu regulieren, dass der gesamte Mechanismus in ein Gleichgewicht gebracht werden kann – das einzig grundlegende Ziel von technischem Wert. Im besten Falle ist der Lippentriller Zeitverschwendung; im schlimmsten Falle, wenn er von einer Kehlverengung begleitet wird, kann er schädlich sein. In seinem Artikel *Acoustic Interpretation of Resonant Voice* (*Akustische Interpretation der klangvollen Stimme*) verwendet Titze den Begriff „twang" (scharfe, klare Tongebung). Er schreibt:

Eine twang-Qualität entsteht, wenn bei der Klangerzeugung der Rachenraum (die Pharynx) verengt wird; diese Schärfe kann einen nasalen Beiklang haben, sobald das Gaumensegel mit beteiligt ist. Das hierbei entstehende Näseln ist aber von untergeordneter Bedeutung für den Klang [ring] *und die Schärfe* [twang] *des Tones. Dass Klang und Schärfe so eng mit Nasalität verbunden werden, ist sehr schade, weil diese Assoziation zu Verwirrungen bezüglich Stimmsitz und Fokus einer tragfähigen Stimme geführt hat.*[43]

Diese Aussage beinhaltet eine gravierend falsche Vorstellung. Ein wirklich guter Klang ist weit entfernt von einem Ton, der näselnd klingt. Für das unterscheidungsfähige Ohr hat eine gute Klangqualität überhaupt nichts mit dieser

[42] Titze, Ingo: *Lip and Tongue Trills – What do they do for us?*, in: *Journal of Singing*, Januar/Februar 1996, S. 51f.

[43] Ders.: *Acoustic Interpretation of Resonant Voice*, in: *Journal of Voice*, Vol. 15, No. 4, 2001, S. 520.

Art von Resonanz gemeinsam. Nach Sir Richard Paget wird Näseln mit Kehlverengung gleichgesetzt. Er schreibt nach einem Versuch mit einem selbst konstruierten Resonator, bestehend aus einer Gummirohrverlängerung für eine Orgelpfeife, die zusätzlich mit einer Korkzunge versehen wurde, Folgendes:

> [...] *sobald das Rohr erklang, wurde das Rohr nahe der Öffnung der Zunge zusammengedrückt* [...] *und eine bemerkenswerte Schärfe wurde der Klangfarbe beigefügt. Dieser Versuch zeigt, dass mindestens ein Teil der so genannten Nasalität wahrscheinlich durch die Verengung von Teilen des Rachenraumes verursacht wird.*[44]

Aufgrund dieses Beweises ist es unbedingt erforderlich, einen Unterschied zwischen einer Annäherung der Rachenwände und der negativen Kehlverengung zu machen.

> Während eine Verschmälerung des Rachenraumes wünschenswert ist, ist eine Verengung, die mit nasalem Stimmklang einhergeht, unerwünscht.

Wie sind diese beiden Bedingungen zu unterscheiden? Der wesentliche Unterschied liegt im Vokalklang. Bei der richtigen Annäherung der Rachenwände ist die Vokalfarbe rein, volltönend und klar. Im Gegensatz dazu verursachen alle behindernden Verengungen nasale Klangqualitäten, die sich in verzerrten Vokalfarben widerspiegeln. Diesen Unterschied zu erkennen, verlangt ein sehr gut geschultes Hörvermögen. Da die technische Fähigkeit im Gesang von der Sensibilität der Hörfähigkeit abhängt, lenkt die Einführung mechanischer Lösungen, wie z. B. willentliche Verengung des Rachenraumes, nicht nur vom unterscheidungsfähigen Hören ab, sondern führt zwangsläufig zu Kehlverengung und der Produktion schwach resonierender Vokalfarben. Daraus folgt, dass alle Konzepte, die mit Näseln zu tun haben, ungeeignet sind, da deren Klangqualitäten das Vorhandensein mechanischer Unzulänglichkeiten offenbaren.

Eine ernsthafte Diskussion innerhalb einer wissenschaftlichen Disziplin über Lippentriller und Tonschärfe (twang) zeigt die Defizite und selbst auferlegten Grenzen im gegenwärtigen wissenschaftlichen Denken. Wenn laut Sataloff *Interaktionen für die Stimme und für alle stimmlichen Charakteristika*

[44] Paget, Sir Richard: *Human Speech*, New York 1930, S. 96.

letztendlich zuständig sind[45], dann sind solche Lösungen wie die oben genannten zwangsläufig zum Scheitern verurteilt, weil sie Stimmprobleme nicht an der Wurzel packen. Mit diesen Interaktionen meint Sataloff die Interaktionen innerhalb diverser Kehlkopfmuskeln. Diese Muskel-Interaktionen zu ignorieren ist nicht nur ein gravierendes wissenschaftliches Versehen, sondern zieht oft verheerende und schädliche Folgen nach sich.

Versäumte und vernachlässigte Forschungen

Dass sich die Stimmwissenschaft nicht mit Theorien der Stimmmechanik vor der Zeit der Erfindung des Laryngoskops (1854) auseinandersetzt, bleibt rätselhaft. Gerade das 18. Jahrhundert ist von größtem Interesse, weil es für die Virtuosität seiner Sänger besonders berühmt war. Jahrzehntelange empirische Beobachtungen und praktische Erfahrungen bilden die Grundpfeiler wissenschaftlicher Forschung, deshalb ist die Lehre dieser Ära von unschätzbarem Wert. Die pädagogischen Schulen des 18. Jahrhunderts und die damals anspruchsvollen Trainingsprogramme sind es wert, überprüft und nachgeahmt zu werden.

Glücklicherweise hat eine ganze Anzahl anerkannter Autoritäten des 18. Jahrhunderts sowohl die mechanischen als auch die künstlerischen Grundlagen der Stimmbildung beschrieben, auf die sich dieses Jahrhundert stützte. Die erste ernst zu nehmende Äußerung zur Stimmmechanik, wie sie vor der Erfindung des Laryngoskops praktiziert wurde, stammt von Pier Francesco Tosi (ca. 1653/54–1732). In seiner Schrift *Opinioni de' cantori antichi e moderni, o sieno osservazioni sopra il canto figurato* erwähnt Tosi, was seiner Meinung nach bei der Stimmschulung in der Theorie und in der Praxis berücksichtigt werden soll. Im Wesentlichen kann man seine Ansichten wie folgt zusammenfassen: [...] *wenn die Verbindung* [der Bruststimme mit dem Falsett] *nicht perfekt ist, weist die Stimme verschiedene Register auf und verliert damit ihre Schönheit.*[46] Tosi beobachtete außerdem, dass der Tonbereich, den man allgemein als *passaggio* bezeichnet, die Lage ist, *in der die Vereinigung der Register schwierig zu vollziehen ist.*[47]

[45] Sataloff, Robert Thayer: *Clinical Anatomy and Physiology of the Voice*, in: *Vocal Health and Pedagogy*, San Diego und London 1998, S. 21.

[46] Tosi, Pier Francesco: *Opinioni de' cantori antichi e moderni, o sieno osservazioni sopra il canto figurato*, Bologna 1723, Faksimile-Nachdruck, New York 1968, S. 14.

[47] Ebd., S. 14f.

Ein bestimmtes Verfahren, diese Vereinigung der Bruststimme mit dem Falsett zu erzielen, hat Vincenzo Manfredini (1737–1799) der Nachwelt hinterlassen: Seiner Meinung nach

> [...] *ist es nötig, diese und jene* [Töne der Kopfstimme und Töne der Bruststimme] *in einer Weise zu vereinigen, dass die Stimme klingt, als ob sie nur aus einem Register bestehe.* [...] *Dies erreicht man nicht mit der Forcierung der oberen Brusttöne, sondern eher durch die Kräftigung der tieferen Töne des Falsetts; oder man macht das Gegenteil, falls die oberen Töne der Bruststimme schwach und unzulänglich sind und die Töne des Falsetts reichhaltig und kräftig.*[48]

Ausnahmslos alle Autoritäten, die sich der Belcanto-Tradition verpflichtet fühlen, teilen die Ansichten Tosis und Manfredinis. Obwohl die Kastratenstimme in dieser Zeit sehr in Mode war, beinhalten diese Anschauungen Grundprinzipien, die für alle Stimmgattungen Gültigkeit haben. Einen Beweis dafür kann man in den zahlreichen Quellen finden, die heute zur Verfügung stehen. Eine davon ist die Schrift von Domenico Corri (1746–1825):

> *Es gibt vier Arten von Stimmen: Bässe, Tenöre, Contralto und Soprano* [...], *der Teil der Stimme, der über der natürlichen* [Stimme] *liegt, nennt sich die vorgetäuschte Stimme oder falsetto. Nachdem der Schüler den Umfang seiner natürlichen Stimme erkundet hat, soll sein Studium sich darauf konzentrieren, die natürliche Stimme mit dem ersten Ton des Falsetts zu vereinen und sie mit Geschicklichkeit so zu verbinden, dass diese Vereinigung kaum mehr wahrnehmbar ist.*[49]

Auf der Basis der oben genannten Ausführungen ist klar, dass die Praxis der Verbindung des Falsetts mit der Bruststimme sich über fünf Jahrhunderte hindurchzog und die Bausteine für alle pädagogischen Systeme bis Ende des 19. Jahrhunderts lieferte.

[48] Manfredini, Vincenzo: *Regole Armoniche o sieno Precetti Ragionati per apprender la musica*^{2}, Venedig 1797, S. 61.

[49] Corri, Domenico: *The Singer's Preceptor*, London 1811, Nachdruck in: *The Porpora Tradition*, hg. von Edward Foreman, *Masterworks on Singing, Volume III*, Pro Musica Press, 1968, S. 66.

Warum also sind die Wissenschaftler bisher so zurückhaltend, diese Theorien und Praktiken zu erforschen und anzuwenden? Die Entwicklung und Integration des Falsetts mit der Bruststimme sollte unter dem Gesichtspunkt ihres Wertes für die heutige Pädagogik eigentlich höchste Priorität genießen. Die einzig denkbare Erklärung für dieses Versäumnis besteht in der Tatsache, dass die Entwicklung und die Koordination des Falsetts mit der Bruststimme nicht durch diagnostische Geräte messbar, quantifizierbar oder kalkulierbar ist, gleichgültig wie ausgeklügelt die Maschinen auch sein mögen. Sataloff schreibt dazu:

Diese Geräte sind zwar wichtig, aber unsere eigenen Augen und Ohren sind unzweifelhaft die besten klinischen Werkzeuge.[50]

Aus diesem Grunde sollten sich stimmwissenschaftliche Experimente nicht alleine auf Diagramme und mathematische Formeln berufen, sondern die Versuchs-und-Irrtums-Methode nutzen und diese mit auf der Beziehung von Ursache und Wirkung basierenden Studien verbinden. Unbedingt erforderlich sind die Entwicklung eines Hörvermögens, das die unterschiedlichen Klangergebnisse der Beziehungen zwischen Bruststimme und Falsett erkennen und richtig einschätzen kann, und die Kenntnis der musikalischen Stimuli, die das Auftauchen von Bruststimme oder Falsett hervorrufen.

Für das Verständnis eines Mechanismus, der nachweisbar, beständig und für alle Stimmtypen – Mann oder Frau – anwendbar ist, sind die Prozesse der Entwicklung und Koordination des Falsetts mit der Bruststimme essentiell. Wie Stimme funktioniert und wie man ihre mechanischen Funktionen verbessern kann oder wie die Verbindung der Theorie mit der Praxis zu bewerkstelligen ist, auf diese Fragen zu antworten, bleibt solange unmöglich, solange man nicht exakt weiß, wie die Koordination der Bruststimme mit dem Falsett funktioniert.

Ignorierte Theorien vor der Erfindung des Laryngoskops

Obwohl die Stimmwissenschaft über Jahre hinweg die Theorien und Praxis der Stimmpädagogen vor der Erfindung des Laryngoskops (1845) unbeach-

[50] Rulnick, Rhonda K./Heuer, Reinhardt J./Perez, Kathe S./Emerich, Kate A./Sataloff, Robert Thayer: *Voice Therapy*, in: *Vocal Health and Pedagogy*, San Diego und London 1998, S. 267.

tet ließ, wurde dieses Versäumnis vor kurzer Zeit durch Richard Miller nachgeholt. Seine Analyse dieser Epoche findet sich in seinem Artikel *Historical Overview of Vocal Pedagogy* im Rahmen einer Sammlung von Aufsätzen von Robert T. Sataloff unter dem Titel *Vocal Health and Pedagogy* (1998). Nach Miller folgten im 18. Jahrhundert zwar nicht alle Pädagogen einheitlichen Lehrkonzepten. *Dennoch ziehen sich durch alle frühen schriftlichen Abhandlungen gemeinsame, die Technik betreffende rote Fäden hindurch.*[51] Allerdings behauptet Miller fälschlicherweise, dass die gemeinsamen roten Fäden nur die Atmung und die Artikulation beträfen. Dabei ignoriert er den wichtigsten Aspekt, in dem sich alle angesehenen Autoritäten dieser Epoche einig waren – nämlich die Verbindung des Falsetts mit der Bruststimme.

In seiner Wiedergabe von Tosis Lehrsätzen lässt Miller bewusst die Bedeutung dieser Verbindung außer Acht und begnügt sich mit der Aussage, dass Tosi an die Existenz von nur zwei Registern geglaubt habe. Statt sich mit dem pädagogischen Inhalt von Tosis Aufsatz zu beschäftigen, betont Miller so oberflächliche Aussagen wie: *Tosi war mit dem bestehenden Status der Gesangskunst nicht zufrieden.*[52] Was Miller uns verschweigt, ist die Tatsache, dass Tosi die Atmung niemals besonders hervorgehoben hat, sondern sie kaum erwähnte. Weiterhin enthält Miller uns Tosis Ausführungen über die Grundlagen der Stimmmechanik vor, die wie folgt aussehen:

> *Ein guter Lehrer weiß, dass ein Sopran ohne Falsett gezwungen ist, in einem begrenzten Umfang von nur wenigen Noten zu singen; der Lehrer muss alles versuchen, es* [das Falsett] *für den Schüler zu gewinnen, und darf keine Methode unversucht lassen, es* [das Falsett] *mit der Bruststimme so zu verbinden, dass kaum ein Unterschied mehr wahrnehmbar ist.*[53]

Man kann nur vermuten, dass Miller diese Passage Tosis nicht mitgeteilt hat, weil die Bedeutung dieses Verbindungsprozesses nicht zur Denkungsart heutiger Wissenschaft passt. Vielleicht auch, weil Tosi keine exakten Anweisungen gab, wie diese Verbindung zu bewerkstelligen ist. In dieser schöpferischen Ära der Stimmpädagogik schloss der komplexe Vorgang der Register-

[51] Miller, Richard: *Historical Overview of Vocal Pedagogy*, in: *Vocal Health and Pedagogy*, San Diego und London 1998, S. 303.

[52] Ebd.

[53] Tosi, Pier Francesco: *Opinioni de' cantori antichi e moderni, o sieno osservazioni sopra il canto figurato*, Bologna 1723, Faksimile-Nachdruck, New York 1968, S. 14.

verbindung eine einfache Lösung aus. Mit anderen Worten: Das muskuläre Prinzip der Registerverbindung muss – im Gegensatz zu starren Regeln – flexibel gehandhabt werden.

Miller berichtet von einer ausführlicheren Abhandlung Giambattista Mancinis (1714–1800), *Pensieri, e riflessioni pratiche sopra il canto figurato* (1744), über Stimmmechanik im 18. Jahrhundert. Hierbei legt er sein Augenmerk auf das, was er für das Wesentliche bei Mancinis Theorie der Stimmmechanik hält.

> *Viele von Mancinis pädagogischen Kommentaren führen direkt zum Resonator-System, unter besonderer Berücksichtigung der natürlichen Einstellung der Mundhöhle und des Lächelns als Einstellungshilfe für den Stimmtrakt.*[54]

Zwar ist richtig, dass Mancini einige seiner Artikel und Kapitel mit Titeln versah wie: *Über die Position des Mundes* oder: *Die Art und Weise der Mundöffnung*, doch Miller überging geflissentlich die Inhalte zweier Artikel, die hauptsächlich der Bedeutung der Stimmregister gewidmet sind. Ein Artikel trägt die Überschrift: *Über Bruststimme und Kopfstimme oder Falsett*, der andere: *Die Verbindung der zwei Register, Portamento der Stimme und die Appoggiaturen.*[55] Diese Betonung der Registerverbindung ist nicht allein Mancinis Schwerpunkt, sondern wird auch von anderen Autoritäten des 18. Jahrhunderts bestätigt und bekräftigt. Wie fundamental dieses Registrierungskonzept für Mancinis Unterricht war, zeigt nachstehende Anweisung, die zu befolgen ist, bevor man mit fortgeschrittenen Studien wie Verzierungen beginnt:

> […] *dieses Training* [Geschwindigkeitstraining] *sollte nicht unternommen werden, solange der Lehrer nicht die beiden Register verbunden hat.* […] *Wenn man diesen wichtigen Aspekt übersieht* […], *wird die Passage unausgeglichen und deshalb sowohl in der Kraft und Klarheit der Stimme als auch in der Proportion und Gleichmäßigkeit fehlerhaft sein.*[56]

[54] Miller, Richard: *Historical Overview of Vocal Pedagogy*, in: *Vocal Health and Pedagogy*, San Diego und London 1998, S. 303f.

[55] Mancini, Giambattista: *Practical Reflections on Figured Singing*, Ausgaben von 1774 und 1777, hg. von Edward Foreman, *Masterworks on Singing, Vol. VII*, Champaign, IL 1967, S. iii.

[56] Ebd., S. 124.

Indem er diese Auffassung ignoriert und sich von dem Basiskonzept der Registermechanik entfernt, fokussiert Miller eine Meinung Mancinis, die mehr der Auffassung heutiger Stimmwissenschaft entspricht:

> *Eine andere pädagogische Lehre Mancinis war folgende: Um Läufe und bewegliche Passagen getrennt und geschwind auszuführen, sollten alle Läufe durch kräftigen Bruststimmenklang unterstützt und mit gradueller Atemenergie und leichter Beteiligung der Fauces* [Gaumensegel und Schlundenge] *begleitet werden.*[57]

Indem er dieser Aussage Mancinis derartiges Gewicht beimisst, legt Miller den Akzent auf eine vergleichsweise oberflächliche Betrachtungsweise und lässt die fundamentalen Abläufe der Stimmmechanik völlig außer Acht. Die anatomische Bezeichnung *Fauces*[58] ist sogar unter Stimmwissenschaftlern ein ganz unklarer Begriff. Wahrscheinlich hat Mancini mit *leichter Beteiligung der Fauces* gemeint, dass man Kehlverengung unbedingt vermeiden soll. Mancinis theoretischer Standpunkt lautet wie folgt:

> *Das, was man allgemein als Funktionsstörung des Rachens oder als grellen und gepressten Ton bezeichnet, tritt dann auf, wenn der Sänger seine Stimmgebung mit dem Brustregister nicht aufrecht erhält, sondern glaubt, durch Spannung der Fauces* [des Rachenraums] *einen guten Effekt zu erzielen. Der Schüler betrügt sich selbst und müsste eigentlich merken, dass diese Methode für die Korrektur seiner Stimme nicht nur nicht zufrieden stellend ist, sondern sogar schädlich. Der Grund hierfür ist, dass Fauces, wie in Artikel III. beschrieben, Teile des Stimmorgans sind; sie sind aber nicht in der Lage, natürliche und schöne Klänge zu erzeugen, sobald eine Fauces-Einstellung erzwungen wird, die die natürlichen Abläufe verhindert.*[59]

Den Schwerpunkt der Registerverbindung bei Mancini außer Acht zu lassen, indem das Augenmerk vor allem auf die Einstellung des Mundes und die

[57] Miller, Richard: *Historical Overview of Vocal Pedagogy*, in: *Vocal Health and Pedagogy*, San Diego und London 1998, S. 304.

[58] *Fauces* (von lat. *faux:* Schlund, Kehle) Plural, Sammelbezeichnung für Schlundenge, Gaumensegel und Rachenmandeln (Anatomie).

[59] Mancini, Gimbattista: *Riflessioni Pratiche Sul Canto Figurato*, Biblioteca di cultura musicale Numero Cinqui, Canto e Bel Canto S. 93–228, con un appendice de A. della Corte, Torino 1933, S. 142f.

Vermeidung von Kehlverengung durch die leichte Beteiligung der Fauces gelegt wird, zeigt, dass die fundamentalen Grundlagen der Pädagogik des 18. Jahrhunderts missverstanden wurden.

In der Fortführung seiner Interpretation wendet sich Miller dem Sänger und Gesangspädagogen Domenico Corri zu, allerdings entfernt er sich vom Thema des Artikels, der Stimmpädagogik, und erläutert die musikalische Praxis der Verzierungskunst und der Kadenzen, für die Corri so berühmt ist. Auch hier vermeidet Miller mit seiner Beobachtung wieder das grundlegende Thema der Registerentwicklung und -verbindung:

> *Corri bietet dem suchenden Leser keine speziellen Anweisungen an, wie er die technischen Anforderungen der Stimmliteratur am besten bewältigen kann.*[60]

Miller ignoriert nicht nur den Hauptbestandteil der Stimmpädagogik dieser Epoche, sondern damit auch jeden Vorschlag, der sich mit technischen Anforderungen auseinandersetzt. Folgende Aussage Corris in *The Singers Preceptor* widerlegt Millers Meinung, Corri habe nichts zu technischen Anforderungen mitgeteilt:

> *Nachdem der Schüler den Umfang seiner natürlichen Stimme erkundet hat, soll er sein Studium darauf konzentrieren, die natürliche Stimme mit dem ersten Ton des Falsetts zu vereinen und sie mit Geschick so zu verbinden, dass diese Vereinigung kaum mehr wahrnehmbar ist.*[61]

Dieser Verbindungsprozess war ein grundlegender Lehrinhalt aller Stimmgelehrten des 18. Jahrhunderts. Erst nachdem sich bei dem Schüler die Registerverbindung erfolgreich verbessert hatte, wurde anderen musikalischen Arbeitsgebieten mehr Aufmerksamkeit geschenkt. Wenn dem Prozess der Registerverbindung eine solche Vorrangstellung zukommt, warum ignoriert Miller, wie die meisten Stimmpädagogen und Stimmwissenschaftler heute, ein solch bedeutendes pädagogisches Grundelement?

[60] Miller, Richard: *Historical Overview of Vocal Pedagogy*, in: *Vocal Health and Pedagogy*, San Diego und London 1998, S. 304.

[61] Corri, Domenico: *The Singer's Preceptor*, London 1811, Nachdruck in: *The Porpora Tradition*, hg. von Edward Foreman, *Masterworks on Singing, Volume III*, Minneapolis 1968, S. 66.

Die Nichterforschung des Falsetts – eine Unterlassungssünde

Warum ist Miller so wenig geneigt, das Falsett und die Verbindung von Teilen des Falsetts mit dem Brustregister zu erwähnen? Eigentlich könnte man meinen, dass dieses unvollständige Klangergebnis (Falsett), das so erfolgreich in den Lehrinhalt der Epoche von Tosi, Mancini, Corri und zahlreichen anderen Autoritäten des 18. und 19. Jahrhunderts integriert war, ein Tummelfeld für Erkundungen und Untersuchungen darstelle. Der Grund für Millers Missachtung wird in seinem Kommentar über die traditionelle Terminologie offenbar:

> *Garcia prägte aufgrund physiologischer Informationen und praktischer Kenntnis der damaligen Aufführungspraxis die Registerterminologie mit den Begriffen „Bruststimme", „Falsettstimme" und „Kopfstimme". Diese Registereinteilungen sind für heutige Stimmwissenschaftler verwirrend.*[62]

Wieso verwirrend? Diese Begriffe sind ununterbrochen seit bereits mindestens drei Jahrhunderten in Gebrauch. Bis zum heutigen Zeitpunkt hat diese Terminologie nachweislich für Tausende von Sängern und Stimmpädagogen Bedeutung bei der Wahrnehmung von Klangqualitäten und ihrer Verknüpfung mit der Tonhöhe und den lokalen Körperschwingungen. Selbstverständlich besitzen diese Begriffe für Sänger und Stimmpädagogen mehr Bedeutung als die von der Stimmwissenschaft neu eingeführten Bezeichnungen wie „vocal fry", „modal" und „loft". Auch wenn deren Erfinder diese Ausdrücke für wissenschaftlich korrekter halten, sind sie dennoch für sie selbst oftmals verwirrend. Paradoxerweise wurde das Wort „Falsett" als einziger Begriff beibehalten und wird von der heutigen Wissenschaft unverändert genutzt. Dass der Begriff „Falsett" nicht modifiziert wurde, hängt nach Ingo Titze damit zusammen, dass diese Bezeichnung *mit keinem anderen Begriff verwechselt werden kann.*[63]

Warum heutige Stimmwissenschaftler die Bedeutung der Bezeichnungen „Bruststimme", „Kopfstimme" und besonders „Falsett" nicht verstehen, liegt in der Tatsache begründet, dass sie die Lage innerhalb des Tonumfangs ausgetauscht haben, in der diese Klangerscheinungen auftauchen. In dieser neuen Anordnung findet man das Falsett oberhalb der Kopfstimme.

[62] Miller, Richard: *Historical Overview of Vocal Pedagogy*, in: *Vocal Health and Pedagogy*, San Diego und London 1998, S. 305.

[63] Titze, Ingo R.: *Principles of Voice Production*, Englewood Cliffs, New Jersey 1994, S. 275.

> Im Gegensatz dazu beobachteten Autoritäten in früheren Jahrhunderten, dass sich das Falsett und die Bruststimme überlappen und einige Töne gemeinsam haben (a unterhalb von c^1 bis c^2, eine Oktave darüber bis zum es^2). In diesem Tonumfang wurde der Integrationsprozess ausgeführt.

Solange Stimmwissenschaftler das Falsett weiterhin oberhalb der Kopfstimme positionieren, ist eine erfolgreiche Verbindung dieser zwei Stimmen (Brust- und Falsettklangeigenschaften) weder theoretisch nachvollziehbar noch zufrieden stellend technisch ausführbar. Vielleicht ist dies der Grund dafür, dass die heutige Forschung sich so wenig um das Falsett, seine Identifizierung mit der mechanischen Aktion, seine Lage innerhalb des Tonumfangs kümmert und auch nicht klärt, ob das Falsett allgemein für alle Stimmtypen, Mann oder Frau, gültig ist. Eine logische Begründung für dieses Durcheinander ist, dass die falschen Tonqualitäten aufgrund der unterschiedlichen Klangerscheinungen, die während der Registerverbindung auftauchen, so schwierig zu erklären sind.

Historisch gesehen wurden von allen berühmten Stimmlehrern bis zum Ende des 19. Jahrhunderts unterschiedliche Arten von Falsettqualitäten erkannt. Töne, die man erfolgreich mit der Bruststimme integrieren konnte, wurden genutzt. Töne, die sich nicht verbinden ließen, wurden dagegen aussortiert. Da es unmöglich ist, momentan gesungene Tonqualitäten, die für einen Verbindungsprozess von Falsett mit der Bruststimme sinnvoll zu sein scheinen, zu beschreiben und zu identifizieren, bleibt nur eines übrig: Ausprobieren, um herauszufinden, welche Falsettqualitäten entwickelbar und verbindungsfähig sind und welche nicht.

Wie bereits erwähnt, gibt die frühe Terminologie Hinweise darauf, wie ein erfolgreicher Integrationsprozess ausgeführt werden könnte. Dies sind unter anderem Begriffe wie „mezzo falso“ (halb falsch), „mezzo petto“ (halb Brust), „voce mista“ oder „voix mixte“ (gemischte Stimme) und „voce piena“ (volle Stimme). Der zuletzt genannte Begriff deutet auf eine vollkommene Integration der zwei Register hin.

Nur eine dieser schrittweisen Instruktionen, die für die Entwicklung und Verbindung der Register unbedingt notwendig sind, unerforscht zu lassen, bedeutet das Scheitern der für stimmmechanische Zusammenhänge grundlegenden Forschungsvorhaben. Das Ignorieren des Entwicklungspotenzials von Falsett führt ohne Zweifel zu einer Schwächung der dynamischen Konzeptionen, die die Möglichkeiten mechanischer Abläufe nutzen. Der Pädagogik und den Theorien einer längst vergangenen Ära die Standpunkte heutiger Pädagogik überzustülpen, ist weder gute Lehre noch gute Wissenschaft.

Weitere Defizite der Forschung

Obwohl immer mehr stimmwissenschaftliche Forschung betrieben wird, fehlen befriedigende Lösungen für die Probleme in Bezug auf den Stimmmechanismus und seine muskulären Abläufen, die das Verhalten der Stimme regulieren. Man vermisst bei diesen Forschungen eine Verbindung zwischen der gesungenen Tonqualität, ihren physiologischen Abläufen an der Klangquelle und deren Verknüpfung mit der Übungskombination aus Tonhöhe, Lautstärke und Vokal. Ebenso wird die Wirkung der Dynamik bei diesen Abläufen vernachlässigt, ihre Auswirkungen, ihre Funktionsweise und wie sie eine indirekte Kontrolle über das unwillkürliche Kehlkopf-Muskelsystem gewährleisten kann.

Die eben erwähnte Beziehung wurde von Stimmwissenschaftlern kaum untersucht. Dies hängt damit zusammen, dass die Arbeitsweise des Falsetts missverstanden wurde und man nicht der Meinung war, die Mechanik des Falsetts könne eine voll koordinierte Beziehung mit dem Brustregister eingehen. Es ist festzuhalten, dass heutige Stimmwissenschaftler gewöhnlich nicht wissen, wie man zwei gegensätzliche Muskelsysteme kontrollieren kann, die für die Trennung der Stimme in zwei Klangbereiche verantwortlich sind, und wie man erfolgreich zu einer physiologischen Einheit ohne hörbare Brüche und/oder Unterteilungen gelangt.

Ein anderer problematischer Aspekt der Untersuchungen ist, dass es eigentlich keine willentliche Kontrolle über die Kehlkopf-Muskelsysteme gibt. Trotzdem kann das Verhalten des Stimmmechanismus durch Übungen beeinflusst werden, die eine koordinierte Reaktion des Muskelsystems auslösen. Durch diese Interaktionen kann Kontrolle über das Verhalten der unwillkürlichen Kehlkopf-Muskelsysteme ausgeübt werden.

> Das mechanische Verhalten von Bruststimme und Falsett ist der Schlüssel für die erweiterte Reaktionsfähigkeit dieser Muskelsysteme.

Keines der heutigen wissenschaftlichen Ergebnisse führt uns weiter. Im Grunde genommen handelt es sich dabei einfach nur um eine Zusammenstellung von Informationen ohne Relevanz für die Problemlösung. Für die

Stimmpädagogik wäre das wissenschaftliche Ziel von Nutzen herauszufinden, wie die Spannungsverhältnisse der Arytaenoid- und Cricothyreoid-Muskelsysteme richtig gelenkt werden können. Um diese Abläufe in der Praxis nutzen zu können, ist ein entscheidendes Element die Entwicklung der Hörfähigkeit, ohne die ein wirkliches Begreifen der Stimmmechanik niemals gelingen kann.

Wissenschaftliche Sackgasse

Offensichtlich sind die Diagnosegeräte, die der Wissenschaft zur Verfügung stehen, nicht in der Lage, von der von einer Vielzahl tonaler Elemente abhängigen Stimmgebung Messergebnisse zu liefern. Einerlei, wie auch immer die Geräte beschaffen sind, sie können das menschliche Ohr mit seiner Hörfähigkeit nicht ersetzen. Warum aber ist das hörende Ohr empfindlicher als die besten Maschinen? Ganz einfach, weil Maschinen isolierte Elemente der Stimmmechanik aufzeichnen, wogegen das menschliche Ohr in der Lage ist, umfassend zu hören, das heißt, es ist in der Lage, die Komplexität des Gesangs als Ganzes zu analysieren. Wie ein fähiger Dirigent eines Sinfonieorchesters muss der Gesangslehrer sofort eine Vielfalt von Klangwellen sowohl als getrennte als auch als koordinierte Klangergebnisse wahrnehmen.

Dass das menschliche Ohr den besten wissenschaftlichen Messinstrumenten im Ermitteln der Stimmgebung und ihrer Klangcharakteristika weit überlegen ist, macht eine Äußerung von Sataloff klar:

> *Differenzierte Charakteristika können immer noch nicht gemessen werden. Bei einer Studie zu Stimmermüdungen bei ausgebildeten Sängern kann das Ohr beispielsweise den Unterschied zwischen einer ausgeruhten und einer ermüdeten Stimme gewöhnlich wahrnehmen, aber selbst bedeutende Änderungen können mit filigranen Geräten nicht lückenlos aufzeichnet werden.*[64]

In einem anderen Artikel Sataloffs heißt es:

> *Die besten akustischen Analytiker sind nach wie vor das menschliche Ohr und das Gehirn. Unglücklicherweise sind sie* [Ohr und Gehirn] *aber nicht sehr gut in der Lage, die empfangenen Informationen exakt zu messen, und wir können diese dementsprechend nicht exakt übermitteln.*[65]

[64] Sataloff, Robert Thayer: *The Human Voice,* in: *Scientific American,* Dezember 1992, S. 114.

[65] Ders.: *Use of Instrumentation in the Singing Studio,* in: *Vocal Health and Pedagogy,* San Diego und London 1998, S. 336.

Der Ausdruck „messen" im Zitat ist aufschlussreich. Er zeigt eine grundlegende Einschränkung der Wissenschaft: Menschen sind nicht völlig gleich, also können sie auch nicht durch Messungen verglichen werden. Sataloff spricht im folgenden Zitat über die Schwierigkeit der Standardisierung der Stimmanalyse:

> *Da das menschliche Ohr und Hirn die sensibelsten und komplexesten Messinstrumente für Klangerscheinungen sind, haben viele Forscher versucht, psychoakustische Bewertungen zu standardisieren und zu messen. Leider sind die Definitionen von Begriffen wie Heiserkeit und Hauchigkeit immer noch kontrovers. Psychoakustische Bewertungsprotokolle und Interpretationen sind nicht standardisiert. Obwohl die subjektive psychoakustische Analyse der Stimme für erfahrenes Klinikpersonal von größter Bedeutung ist, bleibt es deshalb für alle unbefriedigend, Forschungsergebnisse verschiedener Labore zu vergleichen oder über klinische Ergebnisse zu berichten.*[66]

Hiermit hat Sataloff Recht. Hören ist eine rein individuelle Angelegenheit, und gerade das macht die Stimmbildung aus, eine Einzelunterrichtssituation, in der der Lehrer versucht, Stimmfehler mit Grundprinzipien zu korrigieren – gleichgültig ob er Sprache oder Gesang trainiert. Der Erfolg hängt in dieser Angelegenheit sehr von der Fähigkeit des Lehrers ab, Verbindungen zwischen gesungenen Tonqualitäten des Schülers und Mängeln bei der Koordination seiner Kehlmuskeln zu erkennen, die einer freien Tongebung im Wege stehen. Wie ausgeklügelt auch immer das Equipment der Stimmwissenschaftler ist, es ist nicht in der Lage, dem Gesangslehrer eine Antwort zu liefern, um die besondere Hörsensibilität für Klangqualitäten entwickeln zu können, die den Schüler zu einer mechanischen Funktion seiner Stimmgebung veranlassen, welche in einer schönen freien Tongebung münden.

Die Hauptaussage hier bezieht sich auf die Abläufe, die sich mit der Entwicklung und Verbindung des Falsetts mit der Bruststimme befassen. Mechanisch gesehen bedeutet dies, dass Gesangslehrer sowohl funktional als auch ästhetisch hören lernen müssen. Obwohl eine schöne Tonqualität letztlich das Ziel ist, ist das Verständnis der stimmmechanischen Abläufe und Zusammenhänge unbedingte Voraussetzung, um technische Mängel erkennen und überwinden zu können.

[66] Ders.: *Physical Examination*, in: *Vocal Health and Pedagogy*, San Diego und London 1998, S. 102.

Die Hauptschwierigkeit, mit der sich der lernende Sänger konfrontiert sieht, ist, dass er die ideale Tonqualität weder gehört noch die physischen Empfindungen und kinästhetischen Erfahrungen gespürt hat, die mit dem Leistungspotenzial eines Sängers in Verbindung gebracht werden. Keine Maschine der Welt kann dabei helfen, die funktionalen und künstlerischen Ziele eines Sängers zu erreichen.

Schlussfolgerung

Angesichts des offensichtlichen Zwiespalts zwischen der analytischen Abhängigkeit der Stimmwissenschaftler von mechanischen Vorrichtungen und dem Vertrauen der Gesangslehrer auf ihre Hörfähigkeit scheint es so, als würden Wissenschaft und Kunst auf unterschiedlichen Gebieten agieren. Dabei stellt sich die Frage, ob überhaupt eine Gemeinsamkeit zwischen diesen beiden Disziplinen existiert. Trotz der offenkundigen Differenzen zwischen Theorie und Praxis lautet die ermutigende Antwort: Es gibt eine Gemeinsamkeit. Sowohl Stimmwissenschaftler als auch Gesangspädagogen müssten nur eine gemeinsame Zielvorstellung verfolgen, nämlich die Kenntnis der physikalischen und akustischen Abläufe des Stimmmechanismus. Sie müssten nach Regeln suchen, die eine mechanische Aktion steuern, und ein Verständnis für das Ablaufprinzip entwickeln, welches das Verhalten des unwillkürlichen Muskelsystems reguliert, wenn es für die Tongebung gebraucht wird.

Aufgrund dieser Überlegungen kann eine gemeinsame Basis gefunden werden, auf der Wissenschaft und Kunst problemlos zusammenarbeiten könnten. Diese Gemeinsamkeit besteht zum Beispiel bereits beim Ingenieurswesen, wo sich theoretische und angewandte Wissenschaften treffen. Deshalb sollten sowohl die Stimmwissenschaftler als auch die Gesangspädagogen diese Kooperationsbereitschaft schaffen. Auf dieser gemeinsamen Grundlage sollte Stimmforschung basieren. Auf ihr basiert auch die Zukunft der Stimmentwicklung.

Die Belcanto-Lehre – Basis funktionaler Stimmentwicklung

Lehrsätze des Belcanto

Angesichts all seiner Erscheinungsformen muss man zugeben, dass dem Begriff „Belcanto“ immer noch etwas Mysteriöses anhaftet. In diesem Zusammenhang sei auf ein ganz hervorragendes Buch verwiesen, *The Head Voice and Other Problems* von David A. Clippenger, in dem er dieses *einst verlorene Geheimnis* in folgender Weise beschreibt:

> *Die wirkliche Kunst des Singens war in dem Augenblick verloren, in dem sie entdeckt wurde. Der einzige Zeitraum, in dem diese Kunstfertigkeit perfekt beherrscht wurde, war der Zeitpunkt, als sie begann. Seit sie* [die Kunst des Singens] *entdeckt wurde, sind wir danach auf der Suche, jedoch ohne Erfolg.*[67]

Clippenger vergaß dabei zu erwähnen, dass wir seit Jahrhunderten einer falschen Vorstellung nachjagen. Hoffentlich gelingt es mir zu beweisen, dass die großen Lehrer der Belcanto-Epoche ihre Geheimnisse nicht mit ins Grab nahmen, sondern dass ihre Trainingsmethoden und ihre Theorien und Regeln eine völlig andere Sichtweise dieser großartigen Kunstform widerspiegeln. Belcanto-Gesang existierte von Mitte des 17. Jahrhunderts bis hin zum frühen 19. Jahrhundert. Sich auf den Spuren dieser Tradition zu bewegen, ist so kompliziert, da sie von verschiedenen Standpunkten aus erforscht werden kann. Die Praxis des Belcantos lässt sich erstens aus dem Blickwinkel der Operngeschichte, zweitens ausgehend vom musikalischen Stil oder drittens allein von der in dieser Epoche üblichen Darstellungsart und Pädagogik her betrachten. Für wirklich Interessierte empfehle ich ein weiteres Buch von Philip A. Duey: *Bel Canto in the Golden Age*. Es ist sorgfältig recherchiert und dokumentiert und bietet eine Fülle wichtiger Informationen von historischem Wert. Zwar möchte ich Ihnen Dueys Buch ganz besonders ans Herz legen, doch halte ich es für notwendig, unsere unterschiedlichen Annäherungsweisen an dieses Thema aufzuzeigen. Duey sagt zum Beispiel:

[67] Clippenger, David Alva: *The Head Voice and Other Problems*, Boston 1917, S. 30.
[68] Duey, Philip A.: *Bel Canto in the Golden Age*, New York 1951, S. 116f.

Der entscheidende Grund für die Erforschung des Belcantos ist die Tatsache, dass die zwei Grundprinzipien des Belcantos – Virtuosität und schöner Ton – auch noch heute die wichtigsten Ziele guten Gesangs darstellen.[68]

Ich glaube, diese Aussage führt zu Missverständnissen. Virtuosität und schöner Ton gehören zur Charakteristik und Ästhetik eines Tones. Sie offenbaren aber nicht die sie verursachenden naturgegebenen mechanischen Abläufe (Prinzipien), ohne die der Belcanto-Gesang nicht existieren oder gar entwickelt werden konnte. Wenn etwas mit Sicherheit über Belcanto gesagt werden kann, so ist es allein Tatsache, dass Virtuosität, schöne Tonqualität und Gesangsstil, für die diese Epoche besonders berühmt war, parallel mit dem Auftauchen des Kastratentums in der Oper zu finden sind. Eine typische Beschreibung der Kastratenvirtuosität anhand des Gesangs des Kastraten Baldassare Ferri findet sich bei Giambattista Mancini (ca. 1714–1800):

Er besaß absolute Perfektion in jeder Stilart; er war fröhlich, stolz, ernst, zärtlich, sein Pathos beherrschte uns völlig. Zwei volle Oktaven sang er in einem Atemzug herauf und herunter, ununterbrochen trillernd, die chromatischen Tonfolgen traf er mit solcher Akkuratesse auch ohne Begleitung, dass, wenn ein Orchester während seines Singens einen Ton spielte, den er gerade sang, die Tonhöhe völlig übereinstimmte.[69]

Die Frage hierbei ist, ob derartige technische Fähigkeiten auch erlangt werden können, wenn der Stimmmechanismus durch technische Fehler belastet ist. Offensichtlich war dies im Falle der Karriere des Antonio Bernacchi, eines Schülers von Pistochi, möglich. Obwohl er mit keiner guten Stimme ausgestattet war, schreibt Mancini in oben genanntem Buch Folgendes über ihn:

Er zögerte nicht, ungeachtet des Ausgangs oder der damit verbundenen Anstrengung, jeglichen Versuch zu unternehmen; er zwang sich, zu einer festen Zeit zu singen, die mit seinem Lehrer abgesprochen war, den er jeden Tag zur Kontrolle aufsuchte. Während dieser Zeit des Studiums sang er weder in Kirchen noch im Theater, noch ließ er irgendjemanden außer seine nächsten Freunde zuhören.[70]

[69] Mancini, Giovanni Battista: *Practical Reflections on the Figurative Art of Singing,* Mailand 1776, Boston 1912, S. 6.

[70] Ebd.

Die Resultate dieser Bemühungen beschreibt Mancini folgendermaßen:

> *Es klänge unglaublich, würde ich alle Lorbeeren aufzählen, die dieser große Mann verdiente. Es genügt zu sagen, dass dieser Mann allgemein bewundert wurde, dass er einer der beispielhaftesten Sänger wurde, und dies wurde ihm von allen, die ihn je gehört haben, bestätigt. Der Schüler sollte aus diesem Beispiel lernen, dass sich mit harter Arbeit unter einem großen Lehrer eine schlechte Stimme zu einer guten verwandeln kann.*[71]

Diese beiden Äußerungen Mancinis sind von großer Bedeutung. Es ist eine Sache, die Technik einer von Natur aus begabten Stimme zu verbessern; eine andere, eine mit Stimmfehlern belastete Stimme zu korrigieren und die Technik auf höchstes Niveau zu bringen. Welche Ratschläge es auch immer gewesen sein mögen, die natürlichen Prinzipien (gesangstechnischen Abläufe) und ihre Praxis gehörten zur damaligen Zeit zum Allgemeinwissen. Eine derartige Gesangsausbildung und -entwicklung war nicht unüblich, sondern typisch.

Obwohl der historische Hintergrund der Kastration für unsere Diskussion nicht unbedingt von Interesse ist, ist die Praxis des Kastrierens von Jungen, die eine schöne Stimme besaßen, von unmittelbarer Bedeutung für unser Thema. Durch die Kastration wurde der normale Prozess der Mutation oder des Stimmbruchs vorweggenommen, mit dem Ergebnis, dass der veränderte Mann sozusagen mit einem kleineren weiblichen Kehlkopf sang, der aber in einer physischen Struktur mit den Maßen eines besonders großen Mannes eingebettet war. Qualitativ war die Stimme der Kastraten einmalig, sie unterschieden sich gänzlich vom Knabensopran oder -alt oder den Frauenstimmen. Wie bei einem vorpubertären Knabensopran, der nicht ausschließlich mit Falsett singt, waren die Kastraten nicht ohne natürliche Stimme, obwohl das normale Wachstum des Kehlkopfs zum Stillstand gebracht worden war.

Die technische Grundlage des Belcanto-Stils, der vom Osten her kommend in der westlichen Welt Verbreitung fand, wurde von den Kastraten sehr gut angenommen. Noch ehe sich der A-cappella-Stil verbreitete, ging man bereits allgemein davon aus, dass die Stimme aus zwei Erscheinungsformen besteht: Eine Klangerscheinung nannte man *vox integra* oder natürliche Stimme, eine zweite bezeichnete man als *vox ficta* oder falsche Stimme. Zur letzteren Kategorie gehörten die Falsettisten, welche die Gewohnheit hatten, während des Singens des Diskants ihr Falsett zu gebrauchen.

[71] Ebd.

Dadurch dass sie gezwungen waren, ihr Falsett über seine natürlichen Grenzen hinaus weiter fortzuführen, gelangten sie zu der Einsicht, dass eine größere Fertigkeit in dieser Stimmtechnik noch zu erreichen wäre.

Obwohl das Kastratentum über 150 Jahre lang den Gesangsstil beherrschte, war sein Untergang unvermeidlich. Es änderte sich nicht nur das soziale Klima, die Gesellschaft war auch der mythologischen Themen oder historischen Ereignisse des Altertums müde. Die Geschichten und Dramen, die in der Musik verwendet wurden, fanden sich nur in Sammlungen von Arien, die allein zu dem Zweck komponiert worden waren, die stimmlichen Qualitäten und Besonderheiten hervorragender Sänger herauszustellen. Stets musste sich der Text der Musik unterordnen, und die Arien selbst waren lediglich eine Anhäufung von Läufen, Trillern, Arpeggi, Kadenzen und anderen Verzierungsarten. Tosi und andere beklagten den Verfall musikalischer Werte, eine Meinung, die auch Christoph Gluck (1714–1787) teilte, der den italienischen Sängern vorwarf, die Oper durch ihre Eitelkeit zu verunstalten, sie lächerlich zu machen und den Wert der Unterhaltung zu mindern. Ein extremes, aber teils wahres Urteil. Ein Beispiel für diese angeprangerten Ausschweifungen ist eine Passage aus Porporas *Siroe*, in der über 140 Töne auf einer Silbe gesungen werden müssen und bei der auf dem Wege zur Abschlusskadenz zusätzlich zwölf Triller gefordert sind.

Zwei weitere Punkte gilt es zu bedenken, bevor ich diese Bemerkungen abschließe:

- Die stimmphysiologischen Gegebenheiten von Knaben, Kastraten, erwachsenen Männern und weiblichen Sängern sämtlicher Altersgruppen sind in allen wesentlichen Bestandteilen identisch, ungeachtet ihrer Kondition oder ihres Geschlechts. Es gibt keine grundlegenden Unterschiede hinsichtlich der Physiologie ihrer Vokalmechanismen.
- Da ein Knaben-Sopran oder Knaben-Alt nur annähernd die Virtuosität oder die technischen Fähigkeiten der Kastraten erreichte, muss man daraus schließen, dass die Kastraten ihre Stimmfähigkeiten hart erarbeitet haben. Ihnen wurde gelehrt, ihre Tonproduktion mit Gründlichkeit und Ausdauer nicht nur zu verfeinern, sondern durch einen kreativen Prozess immer wieder neu zu entwickeln.

Weiterhin ist es eine Tatsache, dass sich zwischen dem 16. und 18. Jahrhundert die Gestalt des menschlichen Körpers nicht verändert hat und dass die Theorie und Praxis, die vor und während des Kastratentums (bekannt als das Goldene Zeitalter des Belcantos) richtig waren, auf funktionalen Abläufen basieren müssen, die auch heute noch anwendbar sind und Gültigkeit haben.

Leider kann man nur spekulieren, wie die spezielle Toneigenschaft beschaffen war, die die Kastraten besaßen. Vermutlich war sie weder wie bei einem Knaben noch wie bei einem weiblichen Sopran, sondern aller Wahrscheinlichkeit nach eine Mischung aus beiden. Es liegen viele zeitgenössische Berichte über das vor, was allgemein als Effekthascherei des Singstils der Kastraten bezeichnet wurde. Ein Zeitzeugnis hierfür findet sich in einem Artikel von Benedetto Marcello, den er 1721 für *Il Teatro Alla Moda* schrieb:

> *Beim Singen einer Arie, kann es passieren, dass der Sänger pausiert, wo und wann er will; dass er in den Kadenzen die Passagen derartig frei improvisiert und verziert, dass der Dirigent seine Hände vom Cembalo hebt, eine Prise Schnupftabak nimmt und mit Vergnügen den* Divo *erwartet. Der Kastrat treibt die dramatische Handlung seiner momentanen Stimmung und seiner Laune entsprechend voran, da er es als moderner Künstler weder nötig hat, Gefühle, die in den Worten ausgedrückt sind, wirklich zu verstehen, noch auf das Zusammenspiel von Gestik und Bewegung zu achten. Beim Da capo wird die ganze Arie so verändert, wie es ihm passt, obwohl seine Varianten keinerlei Verbindung mehr mit der vom Kompositeur vorgegebenen Harmonik haben, noch nimmt er Rücksicht auf die Orchestermusiker, obwohl diese Tempowechsel befolgen müssen. Niemand kümmert sich um einen werkgetreuen Aufführungsstil, da der Komponist des Werkes auf alles gefasst zu sein scheint.*[72]

Ein anderes Zeugnis stammt von Bontempi, der den Gesang von Baldassare Ferri (1610–1680) in seinen *Historica Musica* kommentiert:

> *Wer diesen feinfühligen Sänger noch niemals gehört hat, kann sich kein Bild von der Klarheit seiner Stimme, seiner Beweglichkeit, von der bewundernswerten Leichtigkeit in den schwierigsten Passagen, von der Treffsicherheit seiner Intonation, der Brillanz seiner Triller und seinem unerschöpflichen Atemhaushalt machen. Wer ihn oft gehört hat, berichtet von der Ausführung schneller und schwierigster Passagen mit jeder Schattierung von Crescendo und Decrescendo; und gerade dann, wenn es den Anschein hat, dass er müde wird, schießt er seine endlosen Triller ab, steigt auf und steigt ab in allen Graden der chromatischen Skala über zwei Oktaven mit unfehlbarer Genauigkeit. Und alles dies scheint nur ein Spiel für ihn.*[73]

[72] Marcello, Benedetto: *Il teatro alla modo,* Venedig 1721.
[73] Bontempi, Cf.: *Historia Musica,* Perugina 1695, S. 84.

Mit dem Auftauchen des überladenen und verzierungsreichen Stils, der so typisch für das Belcanto ist, kristallisiert sich die Frage heraus, wie diese funktionalen Abläufe und ihre Ausführung dazu führten, dass diese Vokalkunst so gedeihen konnte.

In folgenden stimmpädagogischen Anweisungen spiegeln sich die Lehrsätze von fünf Autoritäten dieser berühmten Ära wider:

1. Pier Francesco Tosi (ca. 1653/54–1732)

wurde von berühmten Kastraten um Rat gefragt und hatte ebenfalls als Lehrer großen Erfolg. Folgende Ratschläge findet man in Tosis Buch *Opinioni de' cantori antichi e moderni (1723)*.[74] Hierbei ist zu beachten, dass in der Zeit von Tosi und Mancini bis 1777 mit dem Begriff „Sopran" immer die hohe männliche Sopranstimme, die Kastratenstimme gemeint war. Der weibliche Sopran wurde damals als „cantatrice" bezeichnet:

- *Der Lehrer sollte mit großer Sorgfalt die Stimme des Schülers hören, ob diese „di petto" oder „di testa" ist, sie sollte immer sauber und klar erscheinen, ohne zu näseln oder im Rachen zu stecken.*
- *Ein gewissenhafter Lehrer sollte sich bemühen, mit seinem Wissen einem Sopran zu helfen, der ohne Falsett gezwungen wäre, nur ein paar Noten innerhalb eines begrenzten Umfanges zu singen. Er sollte nichts unversucht lassen, die vorgetäuschte und die natürliche Stimme zu vereinen, damit sie nicht mehr unterschieden werden können, denn wenn sie nicht perfekt vereinigt werden, wird sich die Stimme in verschiedene Register aufteilen und so konsequenterweise ihre Schönheit verlieren.*[75]

In einer Fußnote erklärt Tosi den Ursprung des Begriffs „Register" und stellt dabei die Ähnlichkeit zwischen den Stimmregistern und dem mechanischen Prozess beim Gebrauch von verschiedenen Registerzügen einer Orgel heraus. John Ernest Galliard, der englische Übersetzer Tosis, schreibt in einer Randbemerkung über Vokalregister Folgendes:

> Voce di petto *ist die volle Stimme, welche mit voller Kraft der Brust gesungen wird; sie klingt meist sonor und ausdrucksstark.* Voce di testa *kommt*

[74] Duey, Philip A.: *Bel Canto in its Golden Age*, New York 1980, S. 180.

[75] Tosi, Pier Francesco: *Opinioni de' cantori antichi e moderni (1723);* hier wiedergegeben nach der englischen Übersetzung von Galliard, John Ernest: *Observations on the Florid Song*, hg. von Michael Pilkington, London 1987. Sp. 6.

etwas mehr von der Kehle als von der Brust und ist weitaus beweglicher. Falsetto *ist eine* vorgetäuschte Stimme, *die nur in der Kehle erzeugt wird; sie besitzt mehr Beweglichkeit als andere, hat aber dagegen keinerlei Substanz.*[76]

Tosi selbst setzt seine Ausführungen folgendermaßen fort:

- *Weil die volle Ausdehnung der natürlichen Stimme* [eines Tenors oder Kastraten] *generell im Sopranschlüssel über dem vierten Zwischenraum* [im Violinschlüssel dem c^2] *oder auf der fünften Linie* [im Violinschlüssel dem d^2] *endet, ist in dieser Lage die vorgetäuschte Stimme sowohl beim Höherschreiten zu den höheren Noten als auch beim Herabsteigen zur natürlichen Stimme von Nutzen. Die Schwierigkeit besteht in der Verbindung und Vereinigung derselben.*[77]
- *Zwinge den Schüler zu klarer Aussprache der Vokale, und wenn es nicht des Lehrers Schuld ist, ist es die des Schülers, dass er kaum über das Niveau des Anfangsunterrichts hinausgekommen ist. Deshalb muss er die drei offenen Vokale gebrauchen, ganz besonders den Vokal „a".*[78]
- *Lass ihn unbedingt alle Grimassen, Tricks mit dem Kopf, dem Körper und besonders dem Mund korrigieren; der Mund soll eine Stellung einnehmen (falls dies der Sinn der Worte erlaubt), die eher einem angenehmen Lächeln als einem zu schwermütigen Gesichtszuge gleicht.*
- *In derselben Stunde bringe seine Stimme voran, indem du sie allmählich an- und abschwellen lässt, vom leisesten Piano bis hin zum lautesten Forte und umgekehrt.*
- *Der Schüler wird dann einen bemerkenswerten Fortschritt gemacht haben, deshalb mache der Lehrer ihn jetzt mit ersten Verzierungen wie z. B. den Appoggiaturen* [Vorschläge] *vertraut.*[79]

Nachdem der Schüler Perfektion in der Kunst des Trillers und der Verzierungen erreicht hat, sollte der Lehrer den Schüler Worte lesen und sprechen lassen. Der nächste Übungsschritt besteht darin, den Schüler so lange die Silbenverteilung unter den Noten üben zu lassen, dass er niemals in Verlegenheit kommt.

[76] Ebd.

[77] Ebd.

[78] Gemeint sind hier die italienischen Vokale „a" (agile, mare oder anima), offenes „e" (cette, tempo oder Fest) und offenes „o" (Ostia, Carlotta oder Sonne).

[79] Tosi, Pier Francesco: *Opinioni de' cantori antichi e moderni (1723)*, hier wiedergegeben nach der englischen Übersetzung von Galliard, John Ernest: *Observations on the Florid Song*, hg. von Michael Pilkington, London 1987, Sp. 6.

2. Giambattista Mancini (ca. 1714–1800)

war ein berühmter Lehrer und Schüler von Antonio Bernacchi, der als *Il Re del Cantatori* (König der Sänger) bekannt wurde; er unterstützte später die Anschauungen Tosis. Mancini schreibt über die Registerfrage:

> *Die normale Stimme teilt sich in zwei Register, in das Brustregister und das Falsett. Jeder Schüler, ob Sopran, Alt, Tenor oder Bass, kann leicht den Unterschied zwischen diesen beiden Registern feststellen. Die große Kunst des Singens besteht darin, den Übergang von einem Register in das andere so zu bewerkstelligen, dass es für das Ohr kaum wahrnehmbar ist.*[80]

3. Vincenzo Manfredini (1737–1799)

ist mit dieser Zweiteilung der Register einverstanden, wie der Überschrift eines seiner Kapitel in seinem Buch *Regole Armoniche* (Venedig 1797) zu entnehmen ist: *Die Verbindung von Bruststimme mit der Kopfstimme, die allgemein Falsett genannt wird.* Bezüglich dieser beiden Register möchte ich aus Dueys Werk zitieren:

> [...] *man kann sie* [die Kopfstimme] *nicht durch Forcieren der hohen Brusttöne hervorbringen, sondern eher durch Stärkung der tieferen Töne des Falsetts; wenn die Brusttöne sehr schwach und mangelhaft, und die Falsett-Töne dagegen voll und kräftig klingen, mache man das Gegenteil.*[81]

4. Domenico Corri (1746–1825)

stellt mit seinem Buch *The Singers Preceptor (London: Chappell & Co)*, das erstmals 1810 in einer englischen Übersetzung veröffentlicht wurde, die vierte wichtige Informationsquelle dar. Corri studierte fünf Jahre mit Porpora, dem Lehrer von Farinelli und Caffarelli, zwei der größten Sänger der Belcanto-Zeit. Zufälligerweise war Porporas Korrepetitor niemand anderes als Franz Joseph Haydn. Wie sein Vorgänger war auch Corri Sänger und Komponist sowie Gesangslehrer. Das erste Kapitel seines Buches teilt gleich mit: *Was der Sänger wissen sollte.* Darin werden alle Elemente der Musik bespro-

[80] Mancini, Giambattista, in: *Practical reflections on the Figurative Art of Singing* (Mailand 1776), Boston 1912, S. 58.

[81] Duey, Philip A.: *Bel Canto in its Golden Age*, New York 1980, S. 116.

chen, wie Solfège, Portamento, Verzierungen wie Mordent, Praller, Triller, Vorschläge und das Messa di voce. Man muss bis Seite 66 lesen, ehe Corri endlich auf die Stimmtechnik zu sprechen kommt. Seine kurzen Kommentare unter der Überschrift *Die Behandlung der Stimme* lauten folgendermaßen:

> *Es gibt vier Arten von Stimme:* Bass, Tenor, Alt und Sopran [...] *Der Teil über der natürlichen Stimme* [Bruststimme] *wird vorgetäuschte Stimme oder Falsettstimme genannt, mit der einige pathetische Effekte produziert werden können, die aber keinerlei Kraft besitzt; deshalb muss es des Schülers oberstes Ziel sein, so viel von der natürlichen Stimme* [Bruststimme] *zu erreichen, wie es ihm möglich ist* [...].
> *Nachdem der Schüler den Umfang seiner natürlichen Stimme kennen lernen konnte, sollte er seine Gedanken darauf lenken, die natürliche Stimme mit den ersten Noten des Falsetts zu verbinden und zwar in solcher Feinheit, dass die Verbindung nicht hörbar wird. Der schlimmste Fehler bei Sängern ist die ungeschickte Art, in der die Tonfolge von der natürlichen Stimme* [Bruststimme] *zur vorgetäuschten Stimme* [Falsett] *vollzogen wird, ein plötzlicher Wechsel, der einen großen Schock für das Ohr darstellt.*[82]

Wenn es Schwierigkeiten mit dem Bruch in der Stimme gibt, rät Corri:

> [...] *lieber den tieferen Teil der Stimme zu opfern als den Bruch von der natürlichen Stimme zur vorgetäuschten Stimme zu riskieren. Sollte der Übergang sich als unausführbar erweisen, singe man die gesamte Passage in der vorgetäuschten Stimme.*[83]

Es ist wichtig festzustellen, dass die vorgetäuschte Stimme eine Ableitung des Falsetts ist, von dem es mehrere Arten gibt. Die italienische Bezeichnung *le voci finte,* die man in der Literatur findet, bedeutet wörtlich diese vorgetäuschte oder falsche Stimmgebung. In übertragenem Sinne umschreibt dieser Begriff verschiedene falsche und unvollkommene Tonqualitäten, die anders als die des natürlichen Registers sind, welches später auch als Brustregister bekannt wurde.

[82] Corri, Domenico: *The Singers Preceptor,* London 1810. S. 66f.
[83] Ebd.

5. Isaac Nathan (1791–1865)

ist der einzige Autor, der jemals die vorgetäuschte Stimme definiert hat. In seinem Buch *Musurgia Vocalis* beschreibt Nathan diese spezielle Art von Stimme als eine Stimmqualität zusätzlich zur Bruststimme, dem Falsett und der Kopfstimme.

> *Es gibt eine vierte Art von Stimme, die wenig geschätzt und deshalb selten weiterentwickelt wird. Ich konnte weder bei den Italienern noch bei den Engländern bisher Befürworter finden, die diesem speziellen Stil einen Namen gegeben haben, deshalb werde ich diesen Stil* vorgetäuschte Stimme *nennen. Es ist mir bewusst, dass das Falsett als vorgetäuschte Stimme zu betrachten ist, da nur die Art Stimmgebung vorgetäuscht sein kann, die durch künstlichen Zwang produziert wird. Dieses Klangergebnis klingt dann so, als ob es nicht natürlich von der Brust käme und auch nicht in der Kehle produziert würde und bereits unter dem Namen Falsett bekannt ist; aber es ist auch keine voce di testa* [Kopfstimme]. *Es ist ein süßer und sanfter melodiöser Klang, weit weg – wie unter dem magischen Zauber eines Echos.*[84]

Dass dieser Stimmeffekt von Nathan beobachtet wurde, ist für seine nachfolgende Ausführung über die zwei Registermechanismen von Bedeutung:

> *Es existiert ein Bruch mehr oder weniger in den Stimmen beiderlei Geschlechts, besonders aber bei der männlichen Stimme, zwischen der voce di petto* [Bruststimme] *und dem Falsett: Die exakte Stelle des Stimmorgans, bei der die voce di petto die Verbindung mit dem Falsett eingeht, wurde von den Italienern il ponticello* [die kleine Brücke] *genannt. Solche Sänger, die ihre voce di petto sicher über diese kleine Brücke hinübertragen können, dürfen die Brücke preisen. Hierbei müsste das gedankliche Ziel des Sängers dahin ausgerichtet werden, die zwei Klangerscheinungen zu verschmelzen, so dass der Übergang von einem Register zu dem nächsten vom Ohr nicht mehr wahrgenommen werden kann. Dies kann nur mit Hilfe der vorgetäuschten Stimme umgesetzt werden. Hierbei müssen wir ganz besonders beachten, dass die vorgetäuschte Stimme das einzige Medium oder das einzige Vehikel ist, womit das Falsett in den Bereich der voce di petto getragen werden kann. Falls meine Beobachtungen über die vorgetäuschte Stimme manchen zu obskur erscheinen und der Tyro* [der Schüler] *Schwierigkeiten hat, dies zu praktizieren oder die unterschiedlichen Falsettqualitäten zu unterscheiden, was wegen der schein-*

[84] Nathan, Isaac: *Musurgia Vocalis*, London und Fentum 1836, S. 117. – (griech. *Musurgia* = das Dichten, das Singen).

baren Klangverwandtschaft nicht unwahrscheinlich ist, kann sich der Schüler von jedem Zweifel über diesen Punkt durch Üben seines Falsetts mit verschiedenen Vokalen befreien. Dabei wird er entdecken, dass es physiologisch unmöglich ist, das italienische breite „a" zu artikulieren. Die vorgetäuschte Stimme jedoch wird gegen jeglichen Widerstand das Vehikel seiner Intonation werden – und ab diesem Augenblick können die zwei Klangeigenschaften dauerhaft unterschieden werden.
Wenn der Tyro sein Ohr in der Unterscheidung „der vorgetäuschten Stimme des Falsetts" befriedigend geschult hat, sollte er sich darum bemühen, diese beiden Toneigenschaften zu verbinden, indem er auf irgendeinem vorgegebenen Ton während der Verlängerung dieses Tones, ohne Atem zu nehmen, den Vokal wechselt. Dies wird den entscheidenden Erfolg der gewünschten Verbindung bringen. Wenn das zustande gebracht wurde, ist der nächste Schritt die Verbindung der vorgetäuschten Stimme mit der voce di petto.
Beginne jeden Ton in der vorgetäuschten Stimme so sanft wie möglich, werde allmählich stärker und kehre unmittelbar zurück zu dem ersten Piano. In dem Maße, in dem die Stimme an Kraft und Qualität zunimmt, soll die Lautstärke gesteigert werden, aber mit Vorsicht. Die geringste Unregelmäßigkeit oder Rauheit ist ein Zeichen dafür, dass der Sänger die Fähigkeit seines Stimmorgans überfordert hat. Jegliche Unbeständigkeit oder jedes Zittern der Stimme ist durch sanftere Tongebung zu beheben; eine gegenteilige Ausführung dient nur dazu, den Fehler zu verstärken und zu festigen.[85]

Falls die Beschreibung der vorgetäuschten Stimme und des Falsetts zu schwierig gewesen sein sollte, gibt es dafür nur eine einzige Erklärung. Für alle Begriffsdefinitionen in der Vergangenheit und heute gilt: Begreifen ist wirklich schwierig! Ein Teil dieses Problems beruht auf der Tatsache, dass die Begriffe „Register" und „Stimme" sehr sorglos gebraucht wurden; oberflächlich gesehen, könnte der Eindruck entstanden sein, dass es vier Register gäbe – *voce di petto* (die Bruststimme), das *Falsett,* die *vorgetäuschte Stimme* und die *voce di testa* (die Kopfstimme). Für die Unkorrektheit solcher Schlussfolgerungen liegen zwei Beweise vor:

- Die Begriffe „Falsett", „vorgetäuschte Stimme" und „Kopfstimme" wurden austauschbar gebraucht.
- Die Art der Registerverschmelzung verband immer die eine oder andere Art der Stimmgebung mit dem Brustregister, aber niemals das Falsett oder die vorgetäuschte Stimme mit der Kopfstimme!

[85] Ebd. S. 144f.

Nathans Kommentar, dass *die vorgetäuschte Stimme das einzige Vehikel ist, welches das Falsett in die voce di petto* [volle Stimme] *tragen kann,* macht deutlich, dass mit dieser Definition eine falsche Toneigenschaft verändert und umgewandelt werden muss, damit sie neue Gültigkeit gewinnt.

> Die vorgetäuschte Stimme, so wie sie Nathan beschreibt, ist eine klare Tonqualität, die ihre Klarheit einer koordinierten Bewegung mit dem Brustregister verdankt, und muss deshalb mit den sanften Tönen gleichgesetzt werden, die mit dem Beginn der später als „Messa di voce" bekannt gewordene Stimmgebung assoziiert werden. Dies erklärt aber auch, warum kurze Zeit später Manuel Garcia (1841) von der Kopfstimme nicht als von einem gesonderten Register spricht, sondern von einem Ergebnis einer perfekten und konstanten Weiterführung des Falsetts.

Um die Bedeutung der Beziehung zwischen Brust- und Falsettregister zu verstehen, ist es notwendig, sich in die Vorstellungen der Belcanto-Sänger zu versenken und die ihnen zur Verfügung stehenden Informationen zu betrachten. Sie hatten weder physiologisches Wissen noch Interesse an dieser Materie; ihr Hauptziel war ausschließlich die Wahrnehmung der klanglichen Verbindungen. Dieses begrenzte Wissen erklärt, warum die Begriffe „Register" und „Stimme" austauschbar gebraucht wurden. Heute allerdings erscheint es uns so, als sei diese Begrenzung für die Belcanto-Sänger ein Vorteil gewesen. Zu wissen, wie die Stimmmuskulatur arbeitet, gibt keine Sicherheit darin, wie mit den Muskeln zu arbeiten ist. Die einzige Zuflucht der Belcantisten bestand darin, eine Unzahl komplexer tonaler Beziehungen und Abhängigkeiten ausschließlich mit dem Gehör wahrzunehmen. Das Ergebnis war, dass sie wahre Meister in der Manipulation der Töne wurden. Aufgrund ihrer Hörerfahrung, wann die Toneigenschaften des natürlichen Registers völlig fehlten, bewerteten sie diese Toneigenschaften so, als seien sie ein Falsett.

Eine Tonqualität kann aus verschiedenen Gründen als falsch bewertet werden. Der häufigste Grund ist derjenige, dass Töne produziert werden, ohne alle Elemente des gesamten organischen Muskelsystems zu beteiligen. Das Bewusstein, dass unter bestimmten Bedingungen eine Toneigenschaft auftreten kann, die vollständig ist, und unter anderen Bedingungen eine, die unvollständig und nicht gänzlich gesetzmäßig ist, veranlasste die Belcantisten, ein Register als natürliches und das andere als künstliches oder falsches zu bezeichnen. Es scheint unmöglich, ein falsches Register mit einem Register, das man für natürlich hält, zu verschmelzen, vor allem, wenn die Register sich nicht miteinander vertragen.

Diese Situation erweckt den Eindruck, dass diese Register weder miteinander vereinigt, noch dazu veranlasst werden können, funktional zusammenzuarbeiten. Historisch gesehen wurde bewiesen, dass dieses Hindernis überwunden werden kann. Allein auf empirische Beobachtung gegründet, zeigten die großen Lehrer der Belcanto-Epoche, dass es möglich ist, sowohl die ungleichen Lautstärkeverhältnisse als auch die Toneigenschaften, die die Register voneinander unterscheiden, zu vereinen und sie in dem Ausmaß zu integrieren, dass sie in der Lage sind, ganz harmonisch miteinander zu funktionieren. Eine der Möglichkeiten, die genutzt wurden, um die Gültigkeit dieser Aussagen zu beweisen, war die Erfindung eines musikalischen Effekts und technischen Kunstgriffs – eine Art von Registerverbindung, deren höchste Vollendung das *Messa di voce* darstellt. Diese Registerverbindung ist im Prinzip mit einem modernen Synthesizer vergleichbar, bei dem verschiedene Klangeigenschaften miteinander gemischt werden, um einen speziellen Farbeffekt zu erhalten.

Das höchste Ziel technischen Studiums war natürlich, diese beiden Registermechanismen zu verbinden und den sie oft trennenden Bruch zu eliminieren.

> Es gibt zwei Brüche, den so genannten ersten Bruch, der den Pädagogen des 20. Jahrhunderts vertraut ist, und den zweiten Bruch, der ungefähr eine Oktave höher liegend lokalisiert ist. Es kann nicht genügend betont werden, dass der die Register spaltende Bruch der Kastraten, von dem Tosi, Mancini und andere sprechen, der Bruch ist, den man heutzutage als ersten Bruch [e^1–f^1] bei allen Stimmgattungen bezeichnet.

Dies ist nicht überraschend, da der Kehlkopf der Kastraten mit dem weiblichen Kehlkopf fast identisch war. Sowohl bei den Kastraten als auch bei den Frauenstimmen wurde die Eliminierung des tiefer liegenden ersten Bruchs durch Reduzierung des Lautstärkeniveaus in der Bruststimme möglich, die bei Frauenstimmen oft als maskulin bezeichnet wird. Daraus lässt sich folgende Schlussfolgerung ziehen: Bei Verringerung des Lautstärkeniveaus und damit Vermeidung des ersten Bruchs benutzten die Kastraten eine Stimmgebung, die dem Anstieg zum so genannten Mittelregister bei der weiblichen Stimme entspricht, wenn sie in ihrem ganzen Umfang voll und gut entwickelt ist. Aus diesem Grunde konnte sich die leichtere Bruststimme bis zur Tonhöhe [c²–d²] im Violinschlüssel ausdehnen.

Überraschenderweise fehlen komplett Erläuterungen, wie Bässe oder normale Tenorstimmen mit diesem Registerbruch umgingen. Nicht ein Wort wird darüber mitgeteilt, obwohl Händel und andere mehr und mehr Musik für die großen Bässe dieser Ära komponierten. Man kann nicht davon ausgehen, dass die Stimmfunktion normaler Männer sich von der der Frauen oder Kastraten unterscheidet.

> Was wir aber mit Bestimmtheit wissen, ist, dass Bässe und Tenöre eine Oktave tiefer singen als Frauen. Der Grund dafür sind die dickeren Stimmlippen bei den Männern, wodurch sie in der Lage sind, sich einer wesentlich tieferen Tonlage und einem immer höheren Lautstärkeniveau anzupassen.

Diese muskulären Bedingungen beeinflussen sowohl den Stimmumfang (Tonhöhe) als auch die Klangeigenschaften des Brustregisters und des Falsetts. Hierbei ist zu bemerken, dass die tiefer werdende Tonskala des Falsetts bis zum [h] unter dem mittleren [c¹] reicht und beim Abstieg allmählich immer

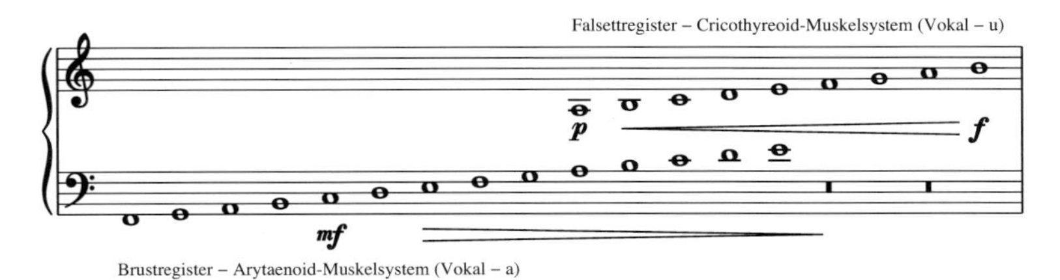

Abbildung 1: Registermechanismen, ihre Tonlage, das Lautstärkeniveau und der Vokal, mit dem sich jedes Register identifizieren lässt

schwächer wird. Ganz gleich, was es tut, es gibt für das Falsett keine Möglichkeit, seine Kraft ohne Hilfe durch andere Registerquellen zu steigern, es sei denn, das Falsett wäre trainiert, mit anderen Muskelsystemen zusammenzuarbeiten; andernfalls bleibt es in seinem originalen Stadium und Zustand. In Übereinstimmung mit Mancini besteht das Hilfsmittel darin, den Teil der Stimme, der sehr stark ist, zu zähmen und den anderen Teil der Stimme, nämlich denjenigen, der von Natur aus schwach ist, zu kräftigen.

Eines der Mittel, die benutzt wurden, die Kraft eines überaus aggressiven Brustregisters zu mindern und die Schwäche des Falsetts zu kräftigen, ist die

Wahl der Vokale. Die Erfahrung hat ganz klar gezeigt, dass die so genannten geschlossenen Vokale das Auftauchen des Falsettregisters erleichtern, wogegen die offenen Vokale gesünder die Bildung des Brustregisters fördern. Bei Kontrolle der Registerkoordination wurde beobachtet, dass diese bei speziellen Mustern (Übungskombinationen) sowohl auf Tonhöhe, Lautstärke als auch auf Vokale anspricht und auf vorhersagbare Weise reagiert. Diese drei tonalen Elemente bieten in richtiger Weise eingesetzt ein ideales Kontrollsystem. Daraus folgt, dass der die Register trennende Bruch alleine durch sorgfältig ausgewählte Übungsmuster entweder willkürlich hervorgerufen oder aber auch überbrückt werden kann. Es wird also möglich, die Register so zu manipulieren, dass sie eine unbegrenzte Vielfalt an Klangverbindungen und Spannungsverhältnissen produzieren, die von der größten Trennung der Register bis zu einem nahtlosen Übergang derselben reicht.

Wenn, was alle Sänger und Gesanglehrer kennen, bestimmte Phrasen, Lieder oder Arien als gesanglich, andere hingegen, die in der gleichen Lage liegen und die gleiche Beschaffenheit aufweisen, als ungesanglich beurteilt werden, dann wird deutlich, wie wichtig die pädagogischen Einsichten der Belcantisten sowohl in praktischer als auch in theoretischer Hinsicht sind. Ob jemand in der Praxis gelernt hat, wie er singt, ob er ein vollendeter Darsteller ist oder wie erfolgreich die Entwicklung und Integrierung der zwei Register vollzogen wurde, kann nur aus musikalischer Sicht beurteilt werden.

Wenn dies alles berücksichtigt wird, könnte man auf die Idee kommen, die Effekte der Registerbalance hätten mit Resonanz zu tun. Doch ich muss Sie warnen. Eine Höhle besitzt akustisch keine eigene Energie; sie kann nur Vibrationen verstärken, die durch sie hindurchgehen und deren Charakter durch die Art der Muskelkoordination bestimmt wird, die an der Klangquelle, nämlich einem Teil der Kehle, stattfindet. Es ist zwar richtig, dass das resonierende System die Art und Weise bewirkt, mit der die Stimmlippeneinstellungen sich einer großen Vielzahl an Tonhöhen-, Lautstärke- und Vokalmustern anpassen, aber wie Husler und Rodd-Marling (1964) herausstellten, ist die Beschäftigung mit der Bildung eines guten Resonanzsystems bloß zweitrangig, da die *Resonanzerscheinung nur eine Folge der Muskelbewegungen im Stimmorgan ist.*[86]

Jetzt können wir verstehen, wie Bässe und Tenöre der Händel-Ära die Registertheorie, wie sie die Kastraten anwendeten, benutzten. Das Prinzip ist

[86] Husler, Frederick/Rodd-Marling, Yvonne: *Singen, die physische Natur des Stimmorgans*[2], Mainz 1978, S. 104.

dasselbe, nur dass der Register*bruch* die Verbindung zwischen der tieferen Lage ihres Falsetts, welches schwach und verhaucht klingt, schwieriger macht, als das bei den Kastraten der Fall war. Der Bruch bei den Männerstimmen ist größer und das Brustregister weitaus aggressiver. Trotzdem bleibt das Hilfsmittel das gleiche; von allen frühen Autoritäten bestätigt, lautet die Antwort, die höheren Töne des Brustregisters in der Lautstärke zu reduzieren und die leichteren Mechanismen zu kräftigen, bis die zwei Gegensätze sich in einer Ausdrucksform vereinigen.

Es ist ein schwieriges Unterfangen, aber weltweit zeigen viele Tonaufnahmen, dass es realisierbar ist. All dies benötigt unbedingt Geschick, Praxis und Geduld.

> Wir müssen gezwungenermaßen realisieren, dass sämtliche Stimmtypen, ob hoher, tiefer, männlicher, weiblicher oder Kastraten-Typus funktional identisch sind. Aus diesem Grunde müssen wir zwingend unsere bisherigen Vorstellungen von Falsett als einer falschen Tonqualität revidieren und die in ihr liegenden Möglichkeiten für Wachstum und Entwicklung erfolgreich nutzen.

Es gibt viele verschiedene Arten von Falsett, und jede von ihnen ist funktional bedeutsam. Gepaart mit dem Wissen über funktionale mechanische Abläufe ist dieser Mechanismus ein Werkzeug und nichts weiter Absonderliches. Hier folgen ein paar Gründe, warum dies so ist:

- Der M. cricothyreoideus (der äußere Kehlkopfmuskel) hat ausschließlich die Funktion, die Tonhöhe zu regulieren, ohne die die natürliche Stimme ihre Funktionen nicht angemessen ausführen kann.
- Die Funktion der Höhenregulierung, die der natürlichen Stimme zugeschrieben wurde, bliebe auf einen begrenzten Tonbereich beschränkt. Wie Tosi schon sagte, wäre die Stimme ohne Falsett *gezwungen, innerhalb eines engen Tonumfanges zu singen.*
- Sowohl die Klangeigenschaften des Falsetts oder der Kopfstimme als auch der natürlichen Stimme sind vielfältiger, wenn sie koordiniert sind, da jede von ihnen die besten Eigenschaften der anderen annimmt.
- Falls einzelne Registeranteile unverbunden bleiben, verliert erstens die Stimme ihre Flexibilität und zweitens ist es unmöglich, das Messa di voce korrekt auszuführen.

- Alle Klangerscheinungen sind das Produkt organischer Muskelaktivität im Kehlbereich. Es existieren keine *falschen* Muskeln oder Muskelsysteme, sondern nur solche, die einen niedrigen Tonus haben, wenig angeregt oder schlecht koordiniert sind.

Wenn wir uns noch einmal die Abbildung 1 auf S. 77 ansehen, können wir nun vielleicht die Bedeutung der Stimmregister als Kontrollfaktor bei der technischen Stimmentwicklung wesentlich klarer erkennen. An dieser Abbildung ist besonders die Beziehung eines jeden isolierten Registers mit einem festgelegten, unveränderlichen Tonbereich, einem Lautstärkeniveau und der Identifizierung mit einem ganz bestimmten Vokal hervorzuheben. Unter diesen Bedingungen ist keines der beiden Register in der Lage, sich mit dem anderen zu koordinieren, und undenkbar ist, dass sie gar vereinigt werden und in ihrer Funktion zusammenarbeiten könnten. Aber wie wir von den großen Lehrern der Belcanto-Zeit gelernt haben, kann dieses Problem der Verbindung durch eine spezielle Kombination aus Tonhöhe, Lautstärke und Vokal bewältigt werden.

Um zu verstehen, wie zwei unvereinbar scheinende Register zusammengeschweißt werden können, dürfen wir nicht in Begriffskategorien denken, die ihren Klangerscheinungen entsprechen. Bruststimme, Falsett, Kopfstimme, gemischte Stimme, mittlere Stimme, Pfeifregister und Strohbass sind nur Beschreibungen dessen, was bei der Klangerzeugung wahrgenommen wird. Sie veranschaulichen lediglich die Nebenprodukte muskulärer Aktionen, aber nicht die sie verursachenden Bewegungsabläufe selbst. Anstatt die Sinneseindrücke zu beschreiben (allein im 20. Jahrhundert ist die Anzahl der Namen dafür auf über 80 angewachsen), sollte man bei allen Tonerscheinungen eher an einen speziellen Typus muskulärer Aktivität denken, was ein Register in der Tat ist! Da einige Muskelaktivitäten des Kehlkopfs diese Sinnesempfindungen hervorrufen, muss also ein zugrunde liegendes mechanisches Prinzip oder ein verursachender Faktor wirksam sein, der genau definiert werden kann. Ein mechanisches Prinzip erzeugt immer ein ganz spezielles und gleich bleibendes Resultat. Da die Muskeln des Kehlkopfs, die Mm. cricothyreoidei (äußere Kehlkopfmuskeln) und die Mm. arytaenoidei (innere Kehlkopfmuskeln) diesen Kriterien entsprechen, muss man ihre an der Klangquelle stattfindenden Aktivitäten in diese Kategorie mit einbeziehen. Dies ist gerechtfertigt, da eine offensichtliche Wechselbeziehung zwischen der Mitwirkung an der Lautbildung und dem musikalischen Stimulus stattfindet, auf den die Muskelsysteme reagieren.

Die in der Abbildung 1 gezeigten tonalen Basiselemente (Tonhöhe, Lautstärke und Vokal) bringen in einer Übung, bei der sie gekoppelt sind, ein

Klangergebnis hervor, an dem man das Übungsmuster erkennen kann. Wechselt man die Übung, ändern sowohl das Brustregister als auch das Falsett ihre Erscheinungsformen. Zum Beispiel verschwindet die aggressive Eigenschaft des isolierten Brustregisters in dem Moment, in dem die Lautstärke verringert wird. In dem Augenblick, da der Tonumfang ausgedehnt und die Lautstärke dabei vergrößert wird, taucht eine andere Art des Falsetts auf. Diese Aktivitäten sind reflektorische Reaktionen auf die in der Übung enthaltenen Stimuli. So kann das Ergebnis unter gleichen Bedingungen stets aufs Neue wiederholt werden!

> So wird deutlich, dass die reflektorische, also unbewusste Reaktion der Stimmmuskulatur und zugleich ihre vorhersehbare Reaktion auf die stimulierende Kombination aus Tonhöhe, Lautstärke und Vokal die eigentliche Kontrollmöglichkeit für die technische Stimmentwicklung darstellt.

Diese Tatsache bringt es mit sich, die Trainingsmethoden in der Disziplin der Naturwissenschaften anzusiedeln, und nur durch die Etablierung dieser gegenseitigen Beeinflussung können echte technische Fortschritte erzielt werden.

Die gegenseitige Beeinflussung zwischen einer Stimmübung oder musikalischen Phrase und den Stimmmuskeln ist zu beobachten, wenn sich die Stimmlippen mit ihrer Länge, ihrem Umfang und ihrer Spannung der Vielzahl an Kombinationsmöglichkeiten von Tonhöhe, Lautstärke und Vokal anpassen.

- Bei Änderung der Tonhöhe stellen die Stimmlippen ihre physikalischen Abmessungen entsprechend ein.
- Bei Wechsel der Lautstärke verändert die antagonistische (gegenspielerische) Zusammenziehung des Muskelsystems, welches in Wechselbeziehung zu den Stimmlippen steht und deren Beweglichkeit erhält, korrespondierend seine Spannungsverhältnisse, um sich diesem Wechsel anzupassen.
- Bei Wechsel des Vokals verändern sich sowohl der Stimmtrakt (das Ansatzrohr) als auch die Gestalt der Stimmlippen, da beide direkten Einfluss auf die Klangbeschaffenheit haben.

Da die Muskelmechanismen reflektorisch auf einen Stimulus reagieren, haben richtig zusammengestellte Übungen, die die drei tonalen Basiselemente (Tonhöhe, Lautstärke und Vokal) in geeigneter Weise kombinieren, Einfluss darauf, die natürlichen Bewegungsabläufe anzuregen und damit

Stimmfehler auszumerzen und letztlich zu einer möglichen Wiederherstellung des gesamten Koordinationsprozesses zu führen. Weil das Muskelsystem für die Aufrechterhaltung der Stimmlippenspannung verantwortlich ist und dadurch verloren gegangene Beweglichkeit zurückgibt, wirkt es selbstregulierend.

Bei der Lektüre der Literatur aus der Belcanto-Zeit fällt auf, dass kein Wort darüber verloren wird, wie Stimmfehler überwunden werden können oder wie die Stimme weiterentwickelt werden kann. Immer wieder heißt es nur: *Lass den Schüler,* oder, wenn von Registern gesprochen wird: *Die Schwierigkeit besteht in der Vereinigung von ihnen,* aber nirgendwo ist zu erfahren, wie die Register vereinigt werden könnten. Mancini verspricht eine Antwort auf diese Frage, wenn er Stimmschulung mit Landwirtschaft vergleicht. Er schreibt:

> *Wie sicher ist doch die Ernte für den aufmerksamen Landwirt, der beobachtet und verstanden hat, in welchen verschiedenen Böden die vielen Samenarten jeweils fruchtbar werden können!*[87]

In unserem industriellen Zeitalter ist dies ein schwieriges Unterfangen, da wir bei allem, was wir tun, nur in Begriffen wie „Erzeugung" und „Kontrolle" denken. Dies ist ein Problem des 20. Jahrhunderts. Der britische Bariton Ffrangçon-Davies (1855–1918) hatte die richtige Idee, wenn er sagt:

> *I do not sing, my voice sings me!*
> [Ich singe nicht, meine Stimme erklingt in mir!]

Ähnlich denkt auch der Neurologe Barry Wyke (1979):

> *Wir sprechen und singen, wir wissen, was wir sprechen und singen, aber wir wissen nicht, wie wir es tun!*[88]

[87] Mancini, Giovanni Battista: *Practical Reflections on Figured Singing (1774),* Champaign IL 1967, S. 115.

[88] Wyke, Barry: *Neurological Aspects of Phonatory Control Systems in the Larynx,* in: *Transcripts of the Eighth Symposium: Care of the Professional Voice,* Part II., New York 1979. S. 42–53.

Wenn die neurologische Wissenschaft proklamiert, dass mechanische Wiederholungsprozeduren innerhalb einer Methode wenig Sinn in Bezug auf die Tonerzeugung haben, dann müssen wir uns anderswo umsehen, um eine Lösung für die Probleme technischer Entwicklung und für den Stimmgebrauch beim Singen zu finden.

Wie uns Mancini lehrt, war in der Belcanto-Zeit eine andere Sichtweise vorherrschend. Konkrete Anweisung wie *Tu dies!* waren unbekannt. Deshalb kann man klar sagen, dass die verschiedenen Kombinationen aus Tonhöhe, Lautstärke und Vokal vorhersehbare und verschiedene Klangeigenschaften erzeugen. Sind Übungen so konstruiert, wie es für das Fortkommen des Sängers notwendig ist, dann wird das Klangergebnis gesund und ästhetisch zufriedenstellend ausfallen. Wenn man technisches Training aus dieser Perspektive betrachtet oder verschiedene Arrangements aus Tonhöhe, Lautstärke und Vokal verwendet, um die reflektorische Bewegung der Stimmmuskulatur anzuregen, dann entspricht jede Lektion dem Säen verschiedener Samen. Es gibt also kein Belcanto-Geheimnis, sondern nur ein Entwicklungsprogramm, das einem ökologischen System gleicht, welches in seiner Interaktion zwischen Tonhöhe, Lautstärke und Vokal im Prinzip dem Vorgang ähnlich ist, der zwischen Bodenbeschaffenheit, Feuchtigkeit, Sonnenlicht und Wachstum der Pflanzen stattfindet. Im wahrsten Sinne des Wortes Entwicklung in stimmlicher Ökologie. Dies ist ein Prozess, um das Unkraut zu jäten, den Boden aufzufrischen und abhängige Reflexe durch unabhängige zu ersetzen. Durch diese Vorgehensweise werden die entsprechenden Merkmale entwickelt, die uns physisch, gedanklich und geistig bereichern. Dies ist die reiche Ernte, die, wenn sie gereift ist, ihren Höhepunkt im Künstler findet. Jetzt verstehen wir besser, wie diese Schulungsprogramme zu der geschichtlichen Periode führen konnten, die wir als das Goldene Zeitalter des Gesangs, als die Belcanto-Zeit kennen.

Die Zwei-Register-Theorie

Eine Theorie ist nur dann gültig, wenn eine konkrete Erscheinung durch eine Reihe von Beobachtungen untermauert wird, welche bei Wiederholung derselben das gleiche Resultat erbringt.[89]
Wenn wir eine komplette Theorie entwickeln, sollte sie in kurzer Zeit nicht nur einigen Wissenschaftlern, sondern jedermann verständlich sein.[90]

Die Problematik der Definition von Register

Wie vorliegendem Buch zu entnehmen, ist bis heute die stets aufs Neue wiederkehrende Frage, was ein Register ist und wie viele es davon bei Mann oder Frau gibt, ein ständiger Streitpunkt in der Welt der Gesangspädagogik.

Das größte Hindernis beim Studium der Registermechanik besteht darin, dass die Register häufig nach Klang- und Stimmcharakteristika benannt wurden und die gewählten Begriffe in keinerlei Beziehung zu den physiologischen Vorgängen stehen, die diese Klänge hervorrufen. Was besagen schon Bezeichnungen wie Falsett, Bruststimme, Brustregister, Pfeifregister, Strohbassregister, Fistelstimme, Kehlstimme, gemischtes Register, Kopfstimme u. a.? Trotz der verschiedenen Interpretationen und Benennungen dieses Problems stieß die von Italienern im 18. und 19. Jahrhundert verfochtene Zwei-Register-Theorie auf beinahe universelle Anerkennung. Der Begriff „Register" ist aus der Welt des Orgelbaus entlehnt.

Unter einem Register versteht man dabei die Pfeifenreihe, die durch ihren Bau über den gesamten Tonumfang hinweg eine einheitliche Klangcharakteristik aufweist.

Mit Hilfe von unterschiedlichen Registerzügen kann der Organist dem Instrument dann die verschiedenen Register, also Klangfarben, entlocken.

Auch bei der menschlichen Stimme versteht man unter einem Register eine Gruppe von Tönen mit gleicher Klangcharakteristik. Ist bei der Orgel der Bau der Pfeifen, also das Material und das Verhältnis von Länge und Durchmesser, für die Klangcharakteristik (z. B. Flöte oder Trompete) verant-

[89] Hawking, Stephen: *A Brief History of Time*, New York 1988, S. 7.
[90] Ebd., S. 94.

wortlich, so lässt sich die Klangcharakteristik der Register bei der Singstimme (brustiger oder falsettiger Klang) auf besondere Einstellungen der Muskelsysteme zurückführen, die durch ihre Bewegung die physikalische Beschaffenheit (Konfiguration) der Stimmlippen verändern und das Schwingungsverhältnis der Stimmlippen beibehalten.

Laut dem bedeutenden Theoretiker und Lehrer des 19. Jahrhunderts, Manuel Garcia (1805–1906), handelt es sich bei einem Register um:

> [...] *eine Reihe durch einen Mechanismus erzeugter, aufeinander folgender homogener Klänge, die sich wesentlich von einer anderen Reihe zwar ebenso homogener, aber von einem anderen Mechanismus erzeugter Klänge unterscheidet.*[91]

Eine andere Definition der Spannung der Stimmlippen während der Lautbildung gibt Douglas Stanley, dessen Arbeit das Interesse an traditionellen Vorstellungen von Register wiederbelebte:

> *Es gibt zwei Gruppen von Muskeln, die als Spannungsmuskeln der Stimmlippen agieren: die Mm. cricothyreoidei und die Mm. arytaenoidei. Das Übergewicht einer Muskelgruppe über die andere bestimmt ein Register. Folglich gibt es zwei und zwar nur zwei Register in der menschlichen Stimme.*[92]

Ohne Zweifel sind Garcias Mechanismen identisch mit den Muskelsystemen, von denen Stanley spricht, und gelten sowohl für Männer als auch für Frauen.

Der Erfolg bei der Lösung der Registerprobleme hängt allein von der Fähigkeit ab, die durch die verschiedenen Stimmregister (Muskelaktivitäten) hervorgerufenen charakteristischen Klangqualitäten wie Bruststimme oder Falsett hören und miteinander in Einklang bringen zu können.

Nach diesen Ausführungen, stellt sich die Frage, ob diese den Lehrern des 18. Jahrhunderts bekannten Abläufe und ihre praktische Verwirklichung mit der heutigen modernen Wissenschaft zu vereinen sind? Um dies

[91] Garcia, Manuel: *The Art of Singing I,* Boston ca. 1855, S. 6.; siehe auch: Ders.: *Traité complet de l'art du chant,* Mainz o. J., S. XIII.

[92] Stanley, Douglas: *The Science of Voice,* New York 1929, S. 7.

überprüfen zu können, müssen wir uns von der Vorstellung verabschieden, Stimme könne allein über Vibrationswahrnehmungen im Körper gesteuert werden. Wir dürfen Toneigenschaften und Klangempfindungen nicht länger irgendwelche Namen geben und müssen endlich anfangen, Stimme neu zu definieren. Eine der besten Definitionen von Stimme stammt von Gordon Holmes:

> *Stimme resultiert aus zwei speziellen Bewegungen: die eine ursprünglich und lebensnotwendig – die Muskelaktivität; die andere abhängig und materiell – die Bewegung der Luft. Auf diese Beziehungen können alle physiologischen Wirkungen der Stimmübungen zurückgeführt werden.*[93]

Stanleys Einschätzung der Mechanik von Registrierung wird durch John. M. Palmer und Dominic La Russo, die 1956 die Dynamik der Registrierung neurologisch erklärten, voll und ganz bestätigt und unterstützt:

> *Der Hirnnerv, der die Kehlkopfregion versorgt, ist der zehnte oder Vagusnerv. Zwei Äste dieses Nervs sind für die Muskeln des Kehlkopfs wichtig. In einer kurzen Entfernung von seinem Austritt aus der schützenden Schädeldecke bildet der Vagusnerv einen zusätzlichen Nervenast, den man* Nervus laryngeus superior *nennt; dieser Nerv läuft an der Seite des Kehlkopfs entlang,* um den M. cricotyreoideus zu innervieren, und zwar ausschließlich diesen Muskel! *Rufen Sie sich bitte ins Gedächtnis, dass dieser Muskel die Stimmlippen während der Phonation spannt und dehnt. Im weiteren Verlauf des Vagusnervs gibt es einen größeren Nervenast, der in den Brustraum tritt. Der rechte Nerv verläuft unterhalb der wichtigsten Blutgefäße im Nacken-Schulter-Bereich um die Arteria subclavia herum, der linke Nerv zieht um den Aortenbogen. Danach steigen sie wieder zum Kehlkopf hoch und versorgen motorisch die innere Kehlkopfmuskulatur. Deshalb nennt man diesen Nervenstrang Nervus recurrens. Dieser Nerv (Nervus recurrens oder Nervus laryngeus inferior) versorgt letztlich alle übrigen wesentlichen Muskeln (im Innern) des Kehlkopfs.*[94]

[93] Holmes, Gordon in: *The Science of Voice Production and Voice Preservation,* New York 1880, S. 100.

[94] Palmer, John M./La Russo, Dominic: *Anatomy for Speech and Hearing,* New York 1965, Jahrgang 32, S. 188.

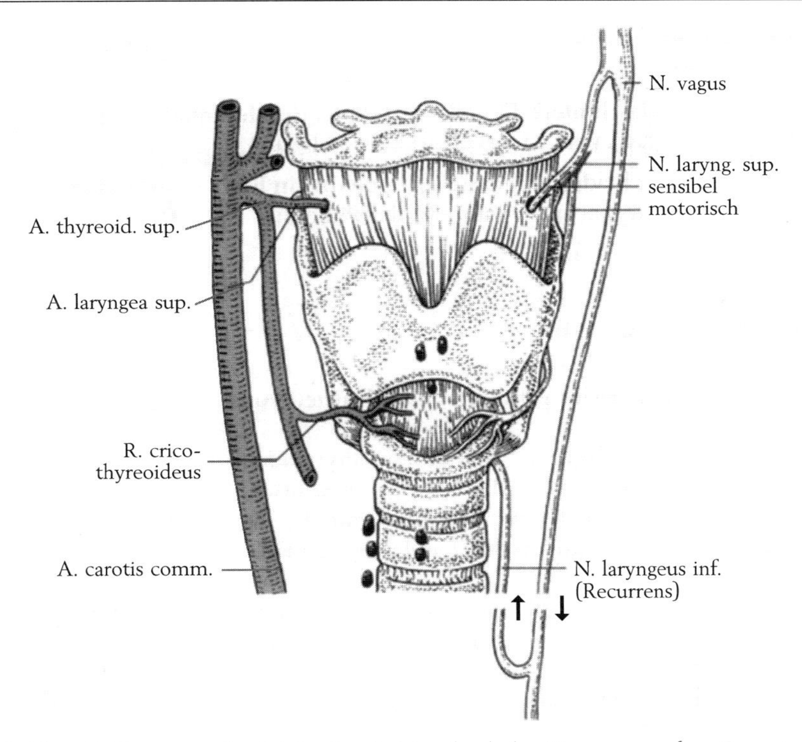

Abbildung 2: Versorgung der Kehlkopfmuskulatur durch den Nervus vagus (aus: Boenninghaus: *Hals-Nasen-Ohrenheilkunde*, Berlin u.a. 1986, S. 266, © mit freundlicher Genehmigung von Springer Science and Business Media)

Die Ausführungen von Palmer und La Russo sind aus verschiedenen Gründen wichtig:

- Da die wesentlichen Muskeln des Kehlkopfs, das Cricothyreoid- und das Arytaenoid-Muskelsystem, dafür verantwortlich sind, die Stimmlippen in unterschiedlichste Spannungsverhältnisse zu versetzen und damit die essentielle Basis für den Klangprozess darstellen, ist es verständlich, dass ein einziges muskuläres Fehlverhalten Auswirkungen auf das ganze System hat.
- Auf Grundlage der weit verbreiteten Definition Garcias herrscht Klarheit darüber, dass ein Register eine definierbare mechanische Einheit darstellt, eine physikalische und eine neurologische.
- Es existiert weder ein eigenständiges oder abgegrenztes Muskelsystem, das man als drittes Register bezeichnen könnte, noch gibt es ein weiteres neu-

rologisches System, das ein eventuell vorhandenes Register innervieren könnte.

- Der Vagusnerv hat die wichtige Aufgabe, die wesentlichen Muskeln des Kehlkopfs zu versorgen. Es gibt lediglich zwei Nebenäste dieses Nervenstrangs (N. laryngeus superior und N. laryngeus inferior), die für die Aufrechterhaltung der Beweglichkeit der Stimmlippen zuständig sind, deshalb existieren auch nur zwei Register.
- Die wesentlichen Kehlkopfmuskelsysteme, das Cricothyreoid- und das Arytaenoid-Muskelsystem, funktionieren entweder einzeln oder zusammen – ein Standpunkt, der auch von Stanley vertreten wird und bei ihm zu dem Schluss führt, dass es in der Tat nur zwei Register gibt, unabhängig vom Stimmtypus oder Geschlecht.
- Obwohl laut Theorie die beiden unwillkürlichen Muskelsysteme, deren Aufgabe beim Singen darin besteht, die Stimmlippen zu ziehen und ihre Beweglichkeit zu erhalten, für Kontrolle unzugänglich sind, sind sie dennoch kontrollierbar, da sie Anregungen aufnehmen und in vorhersagbarer Weise in unterschiedlicher Art auf die musikalischen Stimuli von Tonhöhe, Lautstärke und Vokal reagieren.
- Diese Darstellung bewahrheitet die Zwei-Register-Theorie von Tosi und anderen, die auf empirischen Beobachtungen über Jahrhunderte hinweg beruht.

Heute stimmen die Wissenschaftler darin überein, dass das Klangergebnis des Brustregisters das alleinige Spannungsergebnis der inneren Kehlkopfmuskeln (Mm. arytaenoidei) ohne Mitwirkung der äußeren Kehlkopfmuskeln (Mm. cricothyreoidei) ist. Dagegen wird das Klangergebnis Falsett durch das alleinige Spannungsergebnis der äußeren Kehlkopfmuskeln (Mm. cricothyreoidei) ohne Mitwirkung der inneren Kehlkopfmuskeln (Mm. arytaenoidei) erzeugt. Da die äußeren Kehlkopfmuskeln keinerlei Einfluss auf die Annäherung der Stimmlippen und die Schließung der Stimmritze haben, sind diese ausschließlich für die Tonhöhenveränderung verantwortlich. Das Klangergebnis Kopfstimme dagegen bedeutet die Koordination beider Registermechanismen, des Brustregisters und des Falsetts, bei der die Spannung des Falsetts überwiegt.

Kopfstimme wird nur deshalb so genannt, weil der Sänger Vibrationen stärker im Kopf wahrnimmt, die durch die richtig koordinierten Muskeleinstellungen und das korrekte Spannungsverhalten im Kehlkopf erzeugt werden.

Jetzt ist erkennbar, dass eine direkte Verbindung zwischen Muskelaktivität und Stimme, Stimmmechanismus und Stimmregister besteht. Ebenso wichtig ist die Tatsache, dass die Vorherrschaft einer Muskelgruppe über die andere eine unterschiedliche Tonqualität hervorruft. Diese verschiedenen Tonqualitäten sind das Brustregister und das Falsettregister, eine Beobachtung, die bereits auf das 14. Jahrhundert zurückgeht, als diese Klangerscheinungen noch als *vox integra* (natürliche Stimme oder Brustregister) und *vox ficta* (Falsett) bezeichnet wurden.

Registertrennung und Registerkoordination

Fast alle Gesangsstimmen sind in der Balance der Registermechanik unausgewogen. Um diesen Mangel beheben zu können, muss man das schwache Register kräftigen, um es danach wieder besser mit dem zweiten koordinieren zu können. Nehmen wir ein ganz einfaches Beispiel: Ein Läufer muss wegen eines verletzten Fußes eine längere Ruhepause einlegen. Sein Ziel ist, mit beiden Füßen wieder gleich gut laufen zu können. Um dieses Ziel zu erreichen, muss er über einen längeren Zeitraum hinweg den kranken Fuß kräftigen, um ihn immer wieder mit dem gesunden Fuß zusammen in Koordination zu bewegen, solange bis beide Füße in der Lage sind, die gleiche Leistung zu vollbringen. Für die Arbeit der Registermechanik bedeutet dies, dass man, um ein Register kräftigen zu können, dieses zuerst kurzfristig isoliert üben muss, um es danach wieder mit dem momentan dominanteren Register zu koordinieren. Das Prinzip des isolierten Übens eines Registers, hat leider zu dem Missverständnis geführt, dies sei eine Trennung auf Dauer. Die getrennte Übung der Register für kurze Zeit ist einzig und allein dafür bestimmt, die unausgewogene Balance der Muskulatur kurz außer Kraft zu setzen, um das Einzelregister stabilisieren zu können, damit es wenige Minuten später, so wie es sein sollte, wieder besser koordiniert arbeiten kann. Diese Methode bedeutet niemals eine dauerhafte Trennung von Registern!

Was und wie wird trainiert?

Die Kunst, auf jeder Tonhöhe des gesamten Stimmumfangs, ganz besonders aber in der Nähe eines Registerübergangs jeden Ton ohne Bruch an- oder abschwellen zu lassen (das Messa di voce), wurde jahrhundertelang und wird auch heute noch als die höchste Vollendung der Gesangskunst angesehen. Diese Kunst beruht auf der vollendeten Integration der beiden Register Brust und Falsett. Daher versteht es sich von selbst, dass nicht die Terminologie den Schlüssel technischer Entwicklung darstellt, sondern die Fähigkeit, zwischen dem Klangergebnis und den möglichen mechanischen Vorgängen, die dieses Ergebnis hervorrufen, sauber unterscheiden zu können. Physikalisch gesehen, trainieren wir nur das für die Tonerzeugung verantwortliche Muskelsystem, nicht aber die Stimme selbst. Geistig gesehen, erziehen, entwickeln und verfeinern wir dagegen die Vorstellung von Klang (Gesang). Herauszufinden, welche Behandlungsweise dem jeweiligen technischen Stand eines Schülers angemessen ist, erfordert eine besondere Art des Zuhörens, nämlich das Vermögen, funktional hören zu können.

Funktionales Hören geht nicht von einer ästhetischen Prämisse aus, sondern von dem Verständnis der komplexen physiologischen und funktionalen Prozesse der menschlichen Stimme. Nicht alle gesunden Tonqualitäten sind schön, besonders die nicht, die während der Entwicklungsstufen der Integration von Brust- mit dem Falsettregister auftauchen. Es sind auch nicht alle ästhetisch annehmbaren Töne funktional gesund. Hier ist es die Aufgabe des Lehrers und des Schülers, den Unterschied erkennen und heraushören zu lernen. Wie aber lässt sich dieser Unterschied erkennen?

Wenn ein Mechanismus – so auch der Stimmmechanismus – leistungsfähig arbeitet, sind Reibung und Widerstand minimal. Diese physikalische Bedingung bei der Stimmentwicklung zu berücksichtigen, hat eine Vergrößerung des Stimmumfangs, größere Beweglichkeit, sparsameren Umgang mit dem Atem, Vokalreinheit, Freiheit von Gesichtsverzerrungen und weitgehend das Fehlen von Ermüdungserscheinungen zur Folge. Stimmentwicklung ist geprägt von der Stimulation (Anregung) reflektorischen (unwillkürlichen) Verhaltens des Stimmmechanismus. Ziel des Gesangsunterrichts ist, das Gehör so zu entwickeln, dass es die im Klangergebnis widergespiegelte Arbeit des unwillkürlich arbeitenden Muskelsystems erkennen kann. Selbst wenn in einem System einige wenige Muskeln willkürlich arbeiten, muss dennoch das ganze System so behandelt werden, als arbeiteten alle Muskeln unwillkürlich. Jeder Sänger löst durch seine Tonvorstellung eine spontane Muskelaktion aus, die zu einem Klangergebnis führt, das genau genommen eine spontane Re-Aktion auf die mit der Tonvorstellung verknüpfte Kombination von Tonhöhe, Lautstärke und Vokal ist. Um wesentliche Fortschritte bei der Stimmentwicklung zu erzielen, sollte man deshalb das durch reflektorische Bewegung hervorgerufene Klangergebnis beobachten und mit der beabsichtigten Tonvorstellung vergleichen.

Der wichtigste Aspekt bei der Stimmentwicklung ist die Notwendigkeit, vertraute Kontrollsysteme aufzugeben und mechanisches Wiederholen von

Routineübungen zu vermeiden, um mit entsprechend zugeschnittenen Übungsanregungen auf den jeweiligen Entwicklungsstand einer Stimme reagieren zu können. Vier Prinzipien der Tonvorstellung bilden die Grundlage der Belcanto-Technik:

- die Zwei-Register-Theorie,
- die Notwendigkeit des reinen Vokals,
- die Wahl der Dynamik (laut oder leise) und
- der Gebrauch des Rhythmus, um Muskulatur zur Spontaneität anzuregen.

Die ersten drei Prinzipien beschreibt Stephan F. Austin wie folgt:

Es gibt zwei gegenspielerische Muskelsysteme in der Kehle, und jedes von ihnen bestimmt das elementare Wesen eines Registers. (Heutige Wissenschaftler bestätigen diese alte Theorie.) Kräftige ein Muskelsystem und du bildest ein Register. Fast alle Gesangsstimmen sind in einem der beiden Register unausgewogen, und da das so ist, kann die Stimme nicht richtig funktionieren. Nimm das schwache Register und kräftige es. Sobald es gekräftigt ist, gleiche es an das dominante Register an, die Stimme wird ihr volles Potenzial erhalten, und der Erfolg wird sein, dass alle Registerunterschiede verschwinden! Lautstärke weckt die Bruststimme. Brustregister ist die Quelle der Kraft und Fülle eines Tones. Sanfte Tongebung bringt das Falsett hervor, die Quelle der Leichtigkeit und Flexibilität. Das „a" ist der Vokal des Brustregisters, der Vokal „u" der des Falsetts. Durch entsprechende Übungen erreichen wir eine muskuläre Umgebung, die Schwäche stärkt und Stärke ausbalanciert. Die Natur wird siegen, und das Ergebnis wird vorhersagbar. Der Segen dieses Prinzips liegt in seiner Einfachheit.[95]

Der vierte entscheidende Schlüssel zur freieren Stimmgebung ist die durch rhythmisierte Übungen geförderte spontane Muskelbewegung, die auf den rhythmischen Impuls absolut frei reagiert und dadurch die logischen Stimmmuskelbewegungen erst ermöglicht. Durch diese Übungsweise wächst das Bewusstsein für das Selbstregulierungsvermögen des Stimmmechanismus, der durch diesen Anreiz sich selbst korrigiert.

[95] Austin, Stephen F.: *Confession of a Golf-Playing Voice Scientist*, in: *Australian Voice*, Vol. 4, 1998, S. 1–4.

Das Falsett – Erscheinungsformen und Funktion

In der heutigen Gesangspädagogik werden die Erscheinungsform und die Bedeutung des Falsetts nach wie vor uneinheitlich interpretiert. Was sind die funktionalen Ursprünge des Falsetts? In welcher Tonhöhe und Tonlage bewegt sich das Falsett, und warum klingt es so *falsch*? Welche besonderen Charakteristika besitzen die verschiedenen Erscheinungsformen des Falsetts?

Bevor alle diese Fragen beantwortet werden können, ist es zunächst einmal notwendig zu fragen, ob es überhaupt möglich ist, den physikalischen Ursprung eines Falsetts zu identifizieren und mit einem mechanischen Ablauf in Verbindung zu bringen.

Der historische Hintergrund des Falsetts

Als Caccini den Begriff „Falsett" in der Pluralform in seinem Buch *Le Nuove Musiche* von 1601 als *le voci finte* (erheuchelte, falsche Stimmen) gebrauchte, sprach er genau die Schwierigkeit an, die funktionale Bedeutung dieser befremdlichen Tonqualität erkennen und deuten zu können. Es gibt verschiedene Arten von falschen oder unvollkommenen Tonqualitäten. Ihre Technik, ihr Gebrauch und ihre Entwicklung lassen sich bis zur Schola Cantorum in den frühen christlichen Jahrhunderten zurückdatieren. Die ersten Studenten der Schola waren Waisen mit einer besonderen stimmlichen Begabung. Sie sangen wahrscheinlich – so wie auch heutige Kinder dies tun – in einer Art, die wir als natürliche Stimme bezeichnen, welche in der Höhe oftmals schrill und einfarbig klingt. Um diesen Mangel zu überwinden, war es nötig, sie zu trainieren und ihr Falsett zu entwickeln.

Die über Jahrhunderte gesammelten Erfahrungen mit der Entwicklung von verschiedenen Arten und Anlagen des Falsetts lieferten das Wissen und die notwendigen Fähigkeiten, sich den Forderungen des Organum[96] im

[96] Aus: http://organum.know-library.net/: Das Organum (griech. *organon*: Instrument) ist die erste Mehrstimmigkeit im 9.–11. Jahrhundert und wurde im frühen Mittelalter in der Gregorianik aus der Musizierpraxis der Antike übernommen. Erste Quelle aus Nordfrankreich: *Musica enchiriadis,* 9. Jahrhundert. Einer Hauptstimme (Vox prinzipalis oder Cantus) werden in starrer Parallelbewegung die Quint und die Oktav hinzugefügt. Der improvisierte mehrstimmige Gesang, den insbesondere die Orgel in gleichen Parallelen begleitete, ist aus dem Mittelalter in Sängerschulen einiger Klöster und Kathedralen überliefert. Er stellt gleichsam die Geburt der Mehrstimmigkeit dar.

12. Jahrhundert zu stellen. Ältere Jungen, deren Stimmen sich bereits verändert hatten, die ihr Falsett aber immer noch mit einer besonderen Leichtigkeit einsetzen konnten, waren unentbehrlich, diese neue Art von Musik auszuführen. Obwohl ihr Tonumfang ein wenig tiefer als der eines Knabensoprans war, war es unmöglich, eine zweite, dritte oder gar vierte Stimme ohne die unglaublich flexible Charakteristik einer falsettierenden Tonproduktion im Organum zu singen.

Ein weiterer Fortschritt im Falsettgebrauch wurde während des Zeitalters der Niederländer bis hin zu Palestrinas polyphonem Zeitalter erzielt, als die Falsettisten den Altpart übernahmen. Mit dem Auftauchen der spanischen Falsettisten wurde das Falsett so stark in die Höhe erweitert, dass diese zuletzt sogar die Knabensoprane in den Kirchenchören in ganz Italien ersetzten. Schließlich wurden die spanischen Falsettisten durch die Kastraten abgelöst, die die Technik des Falsetts und seinen Gebrauch im 18. Jahrhundert zu wahrer Meisterschaft führten. Das herausragende Kennzeichen der Kastraten war die Kunst, das Falsett mit der natürlichen Stimme oder Bruststimme zu kombinieren. Dieses Ziel vor Augen wurde das Falsett in seinem Umfang nach oben hin ausgeweitet, die Flexibilität der Stimme nahm zu, und ihre Erscheinungsformen wurden verändert. Aus der Tatsache, dass sich der menschliche Körperbau bis heute kaum geändert hat, kann man schließen, dass die über Jahrhunderte hinweg so erfolgreich gebrauchte Mechanik der Falsettkunst auch gegenwärtig noch lebensfähig sein kann.

Die Mechanik des Falsetts

Der Begriff „Registermechanismus“ war viele Jahrhunderte eng mit der professionellen Gesangsausübung verbunden. Erst seit den Experimenten mit dem Laryngoskop durch Manuel Garcia wurde beobachtet, dass die Stimmlippenspannung nachweisbar von den wesentlichen Muskeln im Innern des Kehlkopfs, dem Arytaenoid-Muskelsystem, verursacht wird.

> Spätere Untersuchungen der Stimmwissenschaft besagen, dass das außen vor dem Kehlkopf liegende Cricothyreoid-Muskelsystem ausschließlich mit der Tonhöhenregulierung in Verbindung gebracht werden darf. Dieses äußere Muskelsystem zieht den Schildknorpel nach vorne und unten und dehnt damit die innen liegenden Stimmfalten, die sich dadurch verlängern und verdünnen.

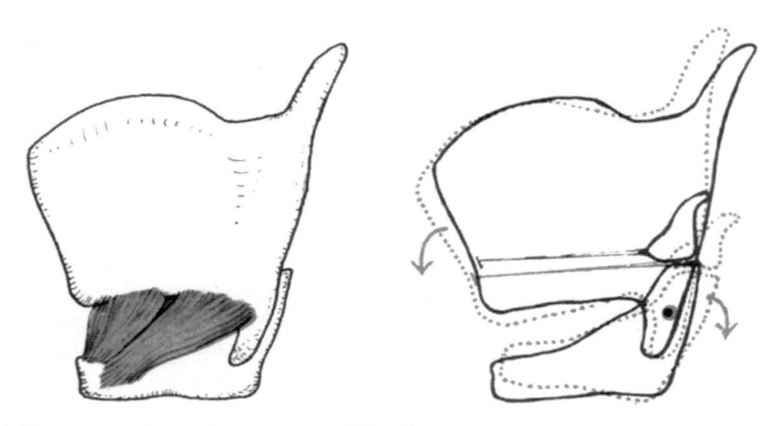

Abbildung 3: Funktion der äußeren Kehlkopfmuskeln, der Mm. cricothyreoidei, die die Stimmlippen dehnen (Quelle: Husler, Frederick/Rodd-Marling, Yvonne: *Singen*, Mainz 1965/2009, S. 37)

Eine größere Spannung des Cricothyreoid-Muskelsystems bewirkt einen Tonhöhen-Anstieg und geringere Spannung einen Tonhöhen-Abstieg. Die Cricothyreoid-Muskulatur alleine ist nicht in der Lage, die Stimmlippen zu verdicken, sie zu verkürzen oder gar sie sich einander annähern zu lassen. Sie beeinflusst nur ganz minimal die Öffnung der Glottis (Stimmritze) und hat keinen Einfluss auf deren Schließung. Solange seine Spannungsfähigkeit nicht auf die Gegenspielerpartei trifft, hat dieses vor der Kehle liegende Muskelsystem an der Phonation keinerlei Anteil. Der Gegenspieler (Antagonist), der dem Cricothyreoid-Muskelsystem Widerstand entgegensetzt, ist das innerhalb des Kehlkopfs liegende Arytaenoid-Muskelsystem.

Das Arytaenoid-Muskelsystem besteht aus zwei Hauptelementen, einem Öffner und mehreren Schließern der Glottis. Der M. posticus ist der einzige Öffner der Glottisspalte, die anderen Elemente, die Muskeln M. lateralis, M. obliquus und M. transversus, gehören zu den so genannten Schließern.

Die für die Produktion eines gesungenen Tones unbedingt erforderliche Spannung des Cricothyreoid-Muskelsystems, gleichgültig ob das Tonprodukt als falsch oder richtig eingestuft wird, ist davon abhängig, mit welcher Einstellung die Öffnung der Glottis durch das Arytaenoid-Muskelsystem reguliert wird. Wenn also das Arytaenoid-Muskelsystem nicht adäquat als Antagonist

4a

4b

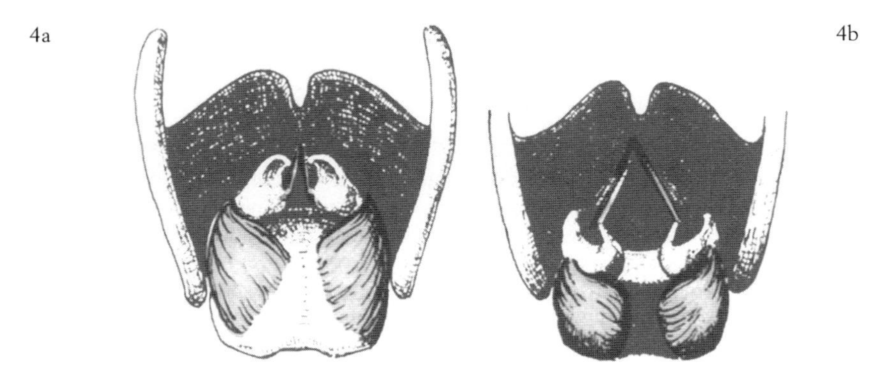

Abbildung 4a und 4b: Funktion der inneren Kehlkopfmuskeln, die die Stimmlippen öffnen oder schließen – (Abb. 4a) M. posticus und (Abb. 4b) M. lateralis (Quelle: Husler, Frederick/Rodd-Marling, Yvonne: *Singen*, Mainz 1965/2009, S. 40 und 41)

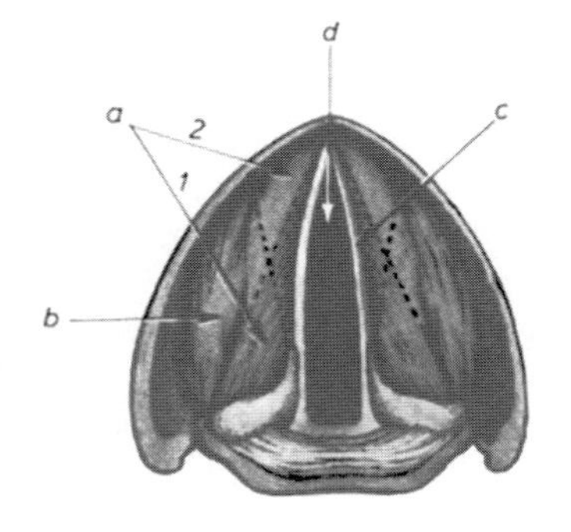

5a

Stimmfalten. Halbschematisch. Die gebrochenen Linien zeigen die sich kreuzenden Muskelbündel der Stimmlippe.

a) Stimmlippe (M. vocalis)
   1. Ary-vocalis, 2. Thyreo-vocalis
b) Äußere Muskelbündel der Stimmfalten (Thyreoarytenoideus externus)
c) Stimmband (Ligamentum vocale)
d) Stimmritze (Rima glottidis)

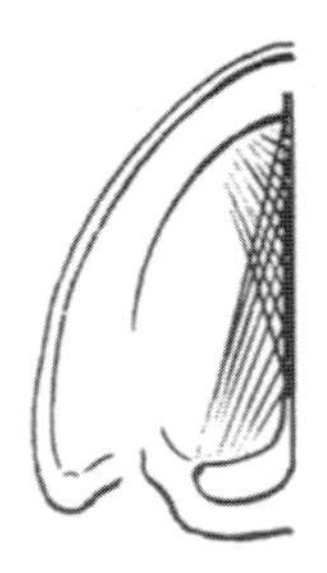

5b

Die sich kreuzenden Muskelbündel in der Muskelmasse der Stimmlippe. Das eine entspringt am vorderen Teil des Stimmknorpels: Thyreo-vocalis, das andere rückwärts am Stellknorpel: Ary-vocalis.

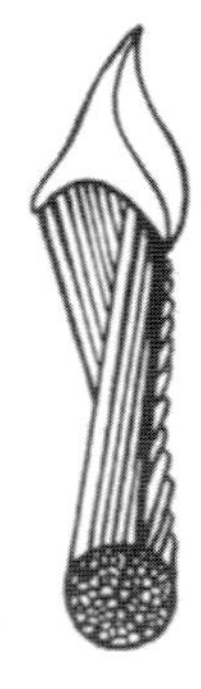

5c

Kontrahieren sich beide Muskelzüge, dann wird die Verbindung der Fasern immer fester, so wie man ein Handtuch auswringt, indem man beide Längsenden im entgegengesetzten Sinne zur Längsachse dreht.

Abbildung 5a, 5b und 5c: Funktion der inneren Kehlkopfmuskeln, die als innere Stimmlippenspanner agieren – Mm. arytaenoidei, Mm. vocales und Mm. thyro-arytaenoidei (Quelle: Husler, Frederick/Rodd-Marling, Yvonne: *Singen*, Mainz 1965/2009, S. 36) zum Cricothyreoid-Muskelsystem arbeitet, dann ist das dadurch ausgelöste Klangergebnis unvollständig und wird deshalb als falsch oder als Falsett empfunden.

> Im Sinne eines akzeptablen anatomischen Begriffs bei der Diskussion des Falsetts sollte man der Formulierung von Frederick Husler (1964) folgen und die Cricothyreoid-Muskulatur als Dehner der Stimmlippen, einen Teil des Arytaenoid-Muskelsystems als Öffner und die anderen Teile als Schließer bezeichnen.

Das reine Falsett und seine Funktion

Um die Bedeutung der mechanischen Hintergründe, welche die vielen falschen Tonqualitäten hervorrufen, für die Gesangspädagogik zu verstehen, ist es notwendig, den Begriff „rein“, wie ihn Garcia in seinem Buch *Traité complet de l'art du chant* verwendet, zu analysieren. Mechanisch gesehen wird die physikalische Ausdehnung der Stimmlippen mit ihrer uneingeschränkten Vibrationsfähigkeit durch die entsprechenden Spannungseinstellungen der Hauptmuskeln der Larynx, nämlich der Dehner, Öffner und Schließer der Stimmlippen, hervorgerufen und bestimmt. Beim reinen Falsett leistet der Öffner dem Dehner Widerstand, während die Schließer passiv bleiben. Dies ist eine Muskeleinstellung, die eine stimmliche Begrenzung sowohl hinsichtlich der Qualität, der Lautstärke als auch des Tonumfangs nach sich zieht; all dies stellt die besondere Charakteristik dieses Registers dar.

Abbildung 6: Tonumfang des reinen Falsetts [h – e'], seine Vokalfarbe (u) und das dazugehörige Lautstärkeniveau (matt und hauchig)

Taucht dieser in Abbildung 6 gezeigte Falsett-Typ beim Üben auf, ist er sehr wertvoll, da er sowohl die physikalische Begrenzung als auch die Begrenztheit der Tonqualität aufzeigt, die man als falsch empfindet, wenn sie unter extremsten Bedingungen produziert wird. Bei dieser Muskeleinstellung werden alleine die dünnen Ränder der Stimmlippen in Bewegung gesetzt, und die Dehner und der Öffner sind optimal gespannt. Der Anstieg der Spannung ist relativ zu Tonhöhe und Lautstärkeveränderung. Dadurch fließt die Luft unkontrolliert aus den Lungen, es besteht kein Innendruck, der Druck unterhalb der Glottis ist minimal, die Vibrationsbewegung der Stimmlippen kann höchstens zwei bis drei Sekunden aufrechterhalten werden und außerdem fehlt das Vibrato. In akustischer Hinsicht besitzt das reine Falsett Grundtöne, aber keine Obertöne und klingt deshalb matt, hauchig und verschleiert. Theoretisches Wissen über die Mechanik eines reinen isolierten Falsetts und seiner funktionalen Aktivitäten kann durch die Beobachtung folgender Interaktionen gewonnen werden:

- Da die Dehner (das Cricothyreoid-Muskelsystem) als einzige in der Lage sind, Tonhöhe zu regulieren, sollte deren Spannung immer proportional zur Tonhöhe sein, gleichgültig ob sie mit den Öffnern oder dem Schließer verbunden sind.
- Beim reinen Falsett ist der Ausatmungsstoß sehr hoch, und der Öffner (Posticus) ist unter Spannung. Der Anstieg der Spannung entspricht direkt proportional dem An- oder Abschwellen der Lautstärke und dem Ansteigen oder Fallen der Tonhöhe.
- Diese physikalischen Einstellungen entsprechen den verschiedenen Kombinationen aus Tonhöhe, Lautstärke und Vokal.
- Sobald der begrenzten Zugfähigkeit der Dehner durch den Öffner (Posticus) alleine Widerstand entgegengesetzt wird, ist sowohl das Lautstärkeniveau als auch die Tonhöhenausdehnung begrenzt.
- Die Erscheinungsformen der Klangergebnisse und die Beziehung zu ihren funktionalen mechanischen Ursprüngen sind, so wie sie hier beschrieben wurden, zwingend und deshalb auch voraussagbar.

Für die Balanceregulierung von Spannungsverhältnissen der Haupt-Kehlkopfmuskulatur ist die Auswahl eines bestimmten Vokals von ganz besonderer Bedeutung. Da der Stimmtrakt akustisch eine Wechselbeziehung mit den Stimmlippen eingeht und sie sich gegenseitig beeinflussen, werden immer dann, wenn die Kehle versucht, den Vokal „u“ zu definieren, die Stimmlippen länger und dünner. Um Kehlverspannungen zu vermeiden und die Kehle zu öffnen, ist es ganz besonders wirkungsvoll, ein reines Falsett mit dem Vokal „u“ zu produzieren und mit einer bestimmten Tonhöhe und Lautstärke zu kombinieren, welche wiederum den Öffner veranlasst zu reagieren und zu helfen, die Glottisspalte zu weiten.

Trotz der ästhetischen Begrenztheit eines reinen Falsetts ist es sowohl physiologisch gesund als auch pädagogisch wertvoll. Deshalb ist festzustellen, dass das reine Falsett kein Produkt physiologischer oder physikalischer Abnormität bzw. eine stimmliche Dysfunktion ist oder gar, wie Garcia es einmal vermutete, *ein Überbleibsel einer Knabenstimme.* Alle gesungenen Töne werden durch die Aktivität der Kehlkopfmuskulatur erzeugt, eine Muskulatur, die etwa *übrig geblieben* ist, existiert nicht, wie es auch kein falsches Muskelsystem gibt. Wegen der Verbindung der Dehner mit den Stimmlippen ist das Falsett bei der Phonation unverzichtbar. Immer dann, wenn die Tonhöhe nicht gut reguliert ist, werden alle davon abhängigen Aktivitäten, die bei der Produktion eines gesungenen Tones beteiligt sind, nachteilig beeinflusst.

Falsett-Typen

Sämtliche Klangerscheinungen, gleichgültig ob sie als falsch oder richtig empfunden werden, sind Reflexionen verschiedener Interaktionen der Haupt-Stimmmuskulatur des Kehlkopfs, die als Spanner der Stimmlippen fungiert. Es gibt viele verschiedene Arten falscher Tonqualität. Der Ursprung jedes wahrnehmbaren qualitativen Unterschieds kann nachverfolgt werden. Erkennbare unterschiedliche Falsett-Typen reichen vom einfachen reinen Falsett, das von Garcia als *weich, verschleiert, wie die tieferen Töne einer Flöte und farblos* klingend bezeichnet wird, bis hin zu einem Falsett vom Umfang einer Oktave, deren Töne als künstlich bzw. gestützt oder auch als dünn bzw. infantil gekennzeichnet werden. Darüber hinaus gibt es ein schrilles, schneidendes Falsett (*falsetto acuto*), das in einer Fußnote bei Hermann Klein, einem Schüler und Übersetzer von Manuel Garcias *Hints on singing* (1894), erwähnt wird.

> All diese Registerbalancen werden durch ganz bestimmte Stellungen des Kehlkopfs hervorgerufen, der entweder zu hoch oder zu tief oder auch nach innen gekippt oder in stabiler Position stehen kann.

Als selten erkanntes Falsettphänomen taucht ab und zu ein anderer Typ von Tonqualität in der höchsten Lage von Frauenstimmen auf: die so genannten Pfeiftöne, missbräuchlich oft als Pfeifregister oder Flageolettregister bezeichnet. Diese einmalige Tonqualität wird dann produziert, wenn die Glottis im vorderen Drittel durch einen ganz schmalen Spalt geöffnet ist. Akustisch gesehen, resultieren die Pfeiftöne aus der Arbeit der Stimmlippenränder, wenn diese überdehnt und überspannt sind und deswegen nicht mehr schwingen können. Technisch gesehen, sind Pfeiftöne keine falsche Tonqualität an sich, deshalb sollten sie als *work in progress* begriffen werden.

Darüber hinaus existiert eine andere Falsettart, die weiter oben beschrieben wurde und die einen langen großen Tonumfang hat, selten gehört wird und ausschließlich mit Männern in Verbindung gebracht werden kann. Viele große Tenöre des 18. Jahrhunderts sangen bis zu der Tonhöhe [f^2] (Rubini, David, Donzelli etc.). Diese Sänger müssen eine besondere Leichtigkeit im Stimmgebrauch ihres Falsetts entwickelt haben, so wie eine klingende Frauenstimme. Die Fähigkeit, diese Tonqualität zu produzieren, kann man in einer Tonaufnahme von Alabieffs *Nachtigall* von dem Bass Ivan Rebroff hören. Rebroff entwickelt dort ein wunderbares, Sopran-gleiches Falsett, das von über drei Oktaven fast bis zu einer vierten, bis zum hohen [a^2] des Soprans, reicht.

Eine Weiterentwicklung des Falsetts ist der heutige Stimmtypus des Countertenors. Er repräsentiert einen Höhepunkt des Falsettgebrauchs seit dem Beginn sängerischer Erfahrungen. Der Ursprung dieses Stimmtypus reicht in die frühen Jahre des 12. Jahrhunderts zurück, als diese Stimmtypen als Contratenöre bekannt wurden oder als solche, die Phrasen gegen die Melodie oder den Tenor sangen. Die Contratenor-Sänger waren wahrscheinlich in der Regel Falsettisten; die Countertenorqualität, die sich im 20. Jahrhundert zur Blüte entwickelte, war damals noch nicht bekannt. Heutzutage scheint das Stimmideal eines Countertenors die Nachahmung der Klangeigenschaften zu sein, die man vermutlich von den Kastraten hören konnte.

Die verschiedenen Falsett-Klangeigenschaften, die bis jetzt erwähnt wurden, stellen nur eine kleine Auswahl dar. Zwischen ihnen bestehen ganz klare Unterschiede. Jedes Tonergebnis repräsentiert eine Reihe intralaryngealer Einstellungen, in die die Hauptmuskulatur der Larynx eingebunden ist. Diese Tonergebnisse reflektieren

- in welchem Ausmaß der Dehnerspannung durch die Antagonisten (Öffner und Schließer) Widerstand entgegengesetzt worden ist.
- die Balance, die zwischen diesen Muskelsystemen aufgeteilt ist und immer der Kombination von Tonhöhe, Lautstärke und Vokalfarbe entspricht.
- jede spezielle Konfiguration der Glottis und den Modus der Stimmfaltenvibration.

Die Summe aller dieser Aktivitäten in ihren unterschiedlichen Einstellungen bestimmt die Verschiedenheit falscher Tonergebnisse.

Unterschiedliches Falsett bei Mann und Frau?

In der Diskussion um das Falsett wurde die Betonung auf die Muskelaktivitäten gelegt, die für die Erscheinungsformen des Falsetts verantwortlich sind. Dafür gibt es einen Grund: Der Stimmmechanismus ist ein motorisches System, welches in der Lage ist, eine große Vielzahl von charakteristischen Klangerscheinungen zu produzieren. Jedes Klangergebnis spiegelt seinen Zustand und die Arbeit der beteiligten Muskulatur wider. Dieses motorische System ist nicht in erster Linie ein Stimmorgan. Wäre dem so, könnte man auf den Gedanken kommen, es müsste bei Frauen und Männern unterschiedlich funktionieren. Aber dies ist nicht der Fall!

So wie beim Verdauungs- und Atmungssystem arbeiten die Muskeln und Knorpelsysteme bei der Produktion eines gesungenen Tones geschlechtsneutral!

Da die Muskulatur bei beiden Geschlechtern die gleiche ist, müssen sowohl der Mann als auch die Frau ein Falsett besitzen. Es stellt sich allerdings die Frage, welche Bedingungen bewirken, dass das Falsett bei der Frau nicht vorhanden zu sein scheint. Eine Erklärung dafür könnte sein, dass die Frauen während ihres Wachstums nicht mit der Schwierigkeit konfrontiert sind, dass sich ihre Stimme eine Oktave tiefer ansiedelt, wie dies bei den Männern der Fall ist. Sowohl bei jungen Mädchen als auch bei den pubertierenden Jungen werden das Falsett und das Brustregister in einer Art koordinierter Beziehung benutzt. Da die Frauen keinen Stimmbruch haben, wird bei heranwachsenden Frauen das Falsett durch die natürliche Koordination der Dehner mit den Schließern schon in die Technik integriert. Bei männlichen Stimmen ist das anders, da diese nach ihrem Stimmwechsel generell einen Prozess durchlaufen müssen, der die Hörbarkeit eines Falsetts verstärkt freilegt.

Garcia spricht dieses Problem in seinem Buch *Die Schule des Gesangs* von 1894 an, wenn er den Begriff „Falsett“, sobald er auf die Frauenstimmen angewendet wird, als unangemessen bezeichnet; er wählt dort den Begriff „mittel“. Francesco Lamperti (1811–1892) dagegen entscheidet sich für eine bessere Alternative und bezeichnet diesen Tonumfang als „gemischtes Register“, welches er aber beiden Stimmtypen, den Männer- und den Frauenstimmen, zuordnet.

Fast alle Theoretiker des 19. Jahrhunderts sind sich einig, dass sowohl das mittlere Register als auch die gemischte Qualität die gleiche Tonlage wie das Falsett benutzen. Heute wird der Begriff „Falsett“ bei Frauenstimmen nicht mehr angewandt, stattdessen werden Termini wie „medium“ und „mittel“ u. Ä. gebraucht, um diesen Tonumfang zu identifizieren. Um die Materie noch weiter zu verwirren, bezeichnet man diesen Tonumfang fälschlicherweise sogar als drittes Register. Dass das weibliche Falsett offensichtlich verschwunden ist, sollte nicht zu der Ansicht verleiten, seine Klangqualität und sein korrespondierendes Muskelsystem seien nicht funktional. Man sollte diese Tatsache eher so interpretieren, dass das Falsett voll in die gesungene Technik integriert ist, aber seine hörbare Identität verloren hat.

Die Tonhöhenregulierung der Stimmlippendehner bleibt also unabhängig vom Geschlecht unter allen Umständen auch bei einem reinen Falsett wirksam. Dies gilt, obwohl das Falsett bei den Männerstimmen in ihrer höheren Tonlage [h – h^1] angesiedelt ist, was bei den Frauenstimmen die tiefere Lage bedeutet (siehe Abbildung 8 auf S. 132).

Das Falsett und seine Tücken

In der Natur, sagt man, gibt es nichts umsonst. Das trifft ganz besonders auf die inneren wie die äußeren Muskeln der Larynx zu, wenn mit ihrer Hilfe ein gesungener Ton produziert wird. Als ein Teil des Schluckmechanismus werden die Bewegungen dieses Muskelsystems durch die Heber und Senker des Kehlkopfs beeinflusst, die den Kehlkopf destabilisieren und den Phonationsprozess abbrechen, solange sie sich nicht in einer ausbalancierten Spannung befinden. Ob die Tonhöhenregulierung bei einem Falsett einigermaßen akzeptable Tonqualitäten oder andere Toneigenschaften hervorbringt, die als Falsett wahrnehmbar sind, hängt mit einem speziellen Problem zusammen: Die besondere Schwierigkeit bei der Stabilisierung des Kehlkopfs besteht darin, dass die Schildknorpelmuskulatur dicht an dem Rachenmuskel M. constrictor anliegt, der den Rachen verengt. Daraus folgt, dass sowohl bei der Veränderung der Tonhöhe im Falsett oder in ähnlichen Tonqualitäten als auch bei vollkommener Tongebung die Stimmlippendehner stets die natürliche Tendenz besitzen, die Kehle zu verengen, d. h. die Stimmritze nur wenig zu öffnen. Immer dann, wenn man sich dieser Verengungstendenz beim Falsett nicht oder nur unzureichend widersetzen kann, tauchen Komplikationen auf. Die ursprüngliche spontane Funktionalität nicht korrekt gebrauchen zu lernen und auf die mechanischen Prozesse innerhalb der Kehlfunktionen mit Unverständnis zu reagieren, sind pädagogische Mankos. Wenn der Mechanismus entweder vernachlässigt oder gar falsch angewandt wird, tauchen Probleme auf, anstatt dass sie gelöst werden. Um Stimme frei produzieren zu können, ist es unbedingt erforderlich, über die ausgewogene Funktionsweise der Mechanik eines Falsetts Bescheid zu wissen.

Ist Falsett ein Register?

Um ein durch mechanische Muskelaktivität hervorgerufenes Klangergebnis als Register bezeichnen zu können, müssen einige Voraussetzungen erfüllt sein. Die Klangeigenschaften müssen mit einem Teil eines motorischen Systems in Verbindung gebracht und durch einen identifizierbaren Mechanismus, der wie ein mechanisches Prinzip wirkt, hervorgerufen werden. Bei der Phonation sind zwei mechanische Systeme am Werk: die Cricothyreoid-Muskulatur, welche die Tonhöhe reguliert, und die Arytaenoid-Muskulatur, deren Funktion es ist, die Glottis zu öffnen und zu schließen.

Als Gegenspieler der Cricothyreoid-Muskulatur kann entweder der Musculus posticus, der einzige Öffner der Stimmlippen, wirken oder aber auch eine Kombination der Muskeln des Arytaenoid-Muskelystems, der M. transversus, der M. obliquus und der M. lateralis, die so genannten Schließer der Glottis. Die Komplikation hierbei ist, dass diese Muskeln sowohl mit sich selbst als auch untereinander antagonistisch arbeiten sowie gleichzeitig in verschiedenen Kombinationen als Antagonisten für das Cricothyreoid-Muskelsystem auftreten.

Wenn der Öffner der alleinige Gegenspieler der Dehner ist, dann ist es für die Stimmfalten unmöglich, ein annehmbares Tonergebnis zu produzieren. Verhalten sich die Schließer passiv und ist der Öffner gleichzeitig unfähig, aktiv Widerstand zu leisten, dann resultiert daraus eine in jeder Beziehung isolierte Dehnerspannung, die ein Falsett hervorruft. Sobald man sowohl den Mechanismus als auch die einzelne mechanische Funktion identifiziert hat, bleibt nur noch, das Falsett mit einem mechanischen Gesetz in Verbindung zu bringen, wie es nachfolgend beschrieben wird.

Bei der Produktion eines gesungenen Tones wird die Bewegung der inneren Muskulatur der Larynx von einem natürlichen Gesetz oder Prinzip reguliert. Sobald die Stimmorgane auf einen konzipierten Stimulus, d. h. eine bestimmte Anordnung von Tonhöhe, Lautstärke und Vokalverbindung in einer Übung reagieren, besteht eine direkte Korrespondenz zwischen den Stimmmuskeln, dem Stimulus und dem tonalen Endergebnis. Die Abbildung 6 auf S. 96 ist ein Beispiel für das mechanische Prinzip dieses Endergebnisses – reines Falsett!

Dies führt uns wieder zurück zu der bisher immer noch unbeantworteten Frage: Ist das Falsett ein Register? Um das Falsett als Stimmregister bezeichnen zu dürfen, muss man folgende Fragen positiv beantworten können:

- Sind wie bei der Produktion eines gesungenen Tones die Muskelsysteme, die ein Falsett produzieren, Teil eines Mechanismus? Natürlich!
- Ist die mechanische Aktion, die ein reines Falsett oder eine von ihm unterscheidbare Tonqualität hervorruft, die man als falsch empfindet, Teil eines motorischen Systems oder eines Mechanismus? Ohne Frage!
- Ist dies so, weil der Mechanismus die Fähigkeit besitzt, Spannung selbst zu erzeugen und/oder einer Spannung Widerstand entgegenzusetzen, die die Systeme befähigt, die physikalische Ausdehnung der Glottis zu regulieren? Ganz sicher!
- Arbeiten die Muskelsysteme nach einem mechanischen Prinzip, wenn durch den Einsatz speziell kombinierter Übungsmuster mit Tonhöhe, Lautstärke und Vokal der proportionale Anstieg der Spannung vom Öffner (Posticus) übernommen wird, während er den Dehnern (Mm. cricothyreoidei) Widerstand entgegensetzt? Absolut!

Zusätzliche Bestätigung in diesem Disput liefern auch folgende Fragen, deren Antwort Nein lautet.

- Ist es für die Stimmlippen möglich, ohne Hilfe der Cricothyreoid-Muskulatur zu schwingen? Nein!
- Sind die physikalischen Umrisse der Glottis in der Lage, sich selbst einzustellen? Nein!
- Ist es möglich, die Spannung zur Verlängerung der Stimmlippen zu regulieren, während die Dehner absolut entspannt sind? Nein!
- Können medialer Druck und der Bernoulli-Effekt (die Aktion, bei der die

Stimmlippen durch die Atmung angenähert werden) wirksam werden, wenn bei einem reinen Falsett der Widerstand für die Dehner ausschließlich durch den Öffner der Stimmlippen geleistet wird? Nein!

- Reguliert und bestimmt der Atemfluss und/oder der Atemdruck den proportionalen Spannungsanstieg, der zwischen den Dehnern und dem Öffner aufgeteilt ist, um die Vibrationsfähigkeit der Stimmlippen zu unterstützen? Nein!
- Ist das Konzept der so genannten Stütze ein Regulierungsfaktor für die Spannungsfähigkeit dieser Mechanismen? Nein!

Berücksichtigt man alle positiven wie negativen Argumente, kann es keinen Zweifel mehr darüber geben, dass das Falsett und die speziellen Muskelaktivitäten, die für seine Hervorbringung verantwortlich sind, als Register anzusehen sind.

Das Falsett und seine Anwendung

Die Dynamik des Falsetts ist in der heutigen Zeit weitaus komplizierter als in früheren Jahrhunderten. Ebenso wie die Theoretiker, die dieses Thema als Erste behandelten, glaubten Pier Francesco Tosi (ca. 1653/54–1732), Giambattista Mancini (1714–1800) und Domenico Corri (1746–1825), ein Schüler Porporas, dass sowohl das Falsett der Soprane, Altstimmen, Tenöre und Bässe als auch das Falsett der Kastraten vom [kleinen a] bis zu einer Oktave

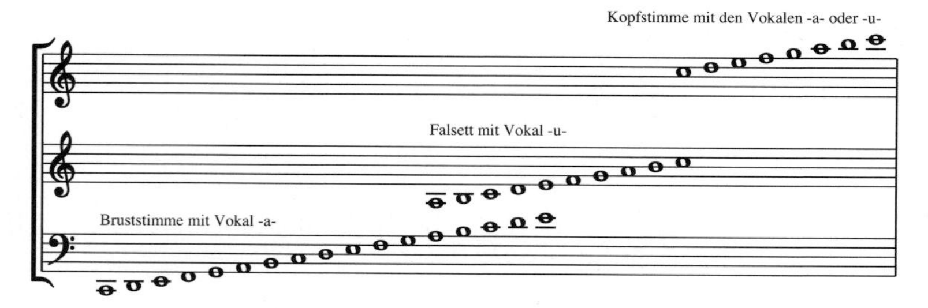

Abbildung 7: Der traditionelle Umfang des Falsetts, ein Tonumfang, der zwischen dem Brustregister und der Kopfstimme liegt und mit dem Brustregister die unteren Töne gemeinsam hat; die Kopfstimme bezeichnete Garcia in seinen Memoiren (1841) als eine *ununterbrochene Fortsetzung des Falsetts* (Quelle: Garcia, Manuel: *Die Kunst des Gesanges*, Mainz 1909, S. XVI).

und sogar eine kleine Terz [cis^2] darüber reiche. Manuel Garcia, der berühmteste Wissenschaftler des 19. Jahrhunderts, der dieses Thema behandelte, akzeptierte dies nicht nur, sondern bestätigte in allen Auflagen seines *Traité* diesen Tonumfang für das Falsett.

Dieser in Abbildung 7 gezeigte eindeutige Tonumfang des Falsetts wurde bis zum 20. Jahrhundert als vox ficta, kehlige Stimme, geheuchelte Stimme, mezzo falso und/oder mezzo petto, gemischt, weiße Stimme, mittel oder Mittelregister und bei Männern gar als Kopfstimme bezeichnet. Gerade die Terminologie, die diese innerhalb der Tonbegrenzungen liegenden Tonqualitäten, wie sie in Abbildung 7 dargestellt werden, als falsch oder richtig beschreibt, macht das Bewusstsein über das Entwicklungspotenzial des Falsetts deutlich.

Diese Analyse soll aber nicht zeigen, wie sich das Falsett entwickelte, sondern ihr Ziel ist es vielmehr, die offensichtliche Tatsache zu vermitteln, dass ein bestimmter Falsett-Typus entwickelbar ist und dass dieser, wenn er in einer spezifischen Weise mit der Bruststimme koordiniert wird, einen vollen legitimierten Ton hervorbringt. Vom 11. Jahrhundert an bis zum Ende des 19. Jahrhunderts wurde die Entwicklung und Integration des Falsetts mit dem Brustregister von allen Stimmpädagogen betrieben. Die erste wichtige Anmerkung zu diesem Thema stammt von Tosi, der schreibt:

> *Ein fleißiger Lehrer, der weiß, dass ein Sopran ohne Falsett nur in einem ganz begrenzten Umfang von wenigen Noten singen kann, soll nicht nur versuchen, das Falsett zu erlangen, sondern er darf keine Methode unversucht lassen, das Falsett mit der Bruststimme in einer solchen Weise zu vereinigen, dass keine Stimme von der anderen unterschieden werden kann. Falls die Vereinigung nicht perfekt sein sollte, wird die Stimme mehrere Register aufweisen und konsequenterweise ihre Schönheit verlieren.*[97]

Der Komponist und Theoretiker Vincenzo Manfredini (1737–1799) bot folgende Anweisungen an, wie man die Schwierigkeit der Registervereinigung meistern könne:

Dies kann nur gelingen, wenn man die hohen Töne des Brustregisters nicht

[97] Tosi, Pier Francesco: *Opinioni de' cantori antichi e moderni, o sieno osservazioni sopra il canto figurato*, Bologna 1723, Faksimile-Nachdruck, New York 1968, S. 14.

forciert, sondern allein durch Stärkung der tieferen Töne des Falsetts. Falls dagegen die Töne des Brustregisters weich und mangelhaft erscheinen und solche des Falsetts als üppig, voll und stark, dann tue das Gegenteil.[98]

Auch Mancini brachte die übereinstimmende Meinung derer zum Ausdruck, die während der Belcanto-Ära lehrten, wie wichtig es sei, dass das Falsett der Bruststimme folge, und prophezeite, dieser Weg sei ein sehr steiniger. Er schreibt Folgendes:

Man habe keinen Zweifel, dass die bei weitem größte Schwierigkeit beim Singen die ist, die zwei Register zu vereinen. Es wird für denjenigen nicht unmöglich sein, der sich ernsthaft bemüht zu studieren, wie dies gelingen kann.[99]

Tosi adressierte seine Anmerkungen zur Stimmbildung an die Kastraten; andere Theoretiker machten die gleichen Vorschläge für alle Stimmtypen. Auffallend an diesen Anmerkungen ist der Mangel an genauer Information, wie die Vereinigung des Falsetts mit dem Brustregister zu bewerkstelligen ist. Im Hinblick auf die Komplikationen bei verschiedenen Schülern gab es offensichtlich eine Vielzahl von Lösungen und Trainingsprozeduren, die aber nicht im Detail beschrieben wurden. Berücksichtigt man die technische Kondition verschiedener Schüler, ihre Musikalität, ihr Temperament und ihre psychologischen Vorbedingungen, dann ist es wichtig, eine andere Anweisung Mancinis zu beachten:

Da Qualität und Konstitution einer Stimme unterschiedlich sind und variieren, obgleich sie die gleichen Defekte, Fehler und die gleichen Störungsgrade erleiden können, glaube ich dennoch, dass ein indiziertes Heilmittel, selbst wenn es als solches gut sein mag, nicht in jedem Fall universell wirksam sein kann. Für jeden Defekt einer Stimme gibt es nur ein einzelnes, individuelles und besonderes Heilmittel.[100]

Wie diese Vereinigung des Falsetts mit der Bruststimme bewerkstelligt wer-

[98] Manfredini, Vincenzo: *Regole Armoniche o sieno Precetti Ragionati per apprender la musica,* Venedig 1797, S. 61.

[99] Mancini, Giambattista: *Practical Reflections on Figured Singing,* Ausgaben von 1774 und 1777, verglichen und hg. von Foreman, Edward: *Masterworks on Singing, Vol. VII,* Champaign, IL 1967, S. 20.

[100] Ebd., S. 34.

den könnte, ist aus einem ganz einfachen Grund nirgendwo nachzulesen: Diese in der Praxis befolgten Anweisungen und ihre Ergebnisse sind niemals in einer Methode zusammengefasst worden. Jede Lösung ist individuell, die Gemeinsamkeit jedoch ist, das Falsett mit der Bruststimme so zu vereinen, dass der Übergang von einer Passage zur anderen nicht mehr wahrnehmbar ist.

Isaac Nathan (1791–1864) stimmte dieser Forderung später zu. Begriffe wie „Falsett“ oder „feigned voice“ (geheuchelte oder vorgetäuschte Stimme) wurden von früheren Theoretikern austauschbar benutzt. Nicht jedoch von Isaac Nathan. Er bezeichnet die feigned voice als *klar, weich, sängerisch und mit den Tonqualitäten korrespondierend, die die beginnende Phase eines gut ausgeführten Messa di voce darstellen,* wogegen Manuel Garcia das Falsett beschreibt als *hauchig, verschleiert oder matt.* Im Rückblick auf diese terminologischen Unterscheidungen ist es bezeichnend, dass es ganz unmöglich ist, eine hauchiges und mattes Falsett mit der Bruststimme zu kombinieren, ohne eine Reihe temporärer Stadien zu durchlaufen wie z. B. eine feigned voice.

Der Wunsch, die Erfahrungen der Belcantisten wieder aufleben zu lassen, lässt sich nicht einfach erfüllen. Das Thema als solches mag simpel erscheinen, aber die verschiedenen Typen von falscher Tonbildung korrekt identifizieren zu lernen und diese mit ihren physikalischen Entsprechungen innerhalb der Muskelsysteme der Larynx in Verbindung zu bringen, ist eine ganz besondere pädagogische Disziplin, weit entfernt von mechanischen Wiederholungsprozeduren und sterilen Lehrmethoden.

Erkennen und Beurteilen eines Falsetts

Ein Falsett adäquat zu bestimmen, ist oft sehr schwer, weil es so viele verschiedene Arten davon gibt, solche mit kurzem und andere wiederum mit ausgedehnterem Tonumfang. Außerdem lassen sich zahlreiche qualitative Unterschiede zwischen den verschiedenen Falsett-Typen beobachten. Bestimmte Klangmerkmale können entwickelt werden, andere dagegen nicht. Die Frage ist nun: Wie erkenne ich die Unterschiede?

Zur Beantwortung dieser Frage betrachte man Abbildung 6 auf S. 96. Hier ist als alleiniger Gegenspieler der Cricothyreoid-Muskulatur, die als Dehner der Stimmlippe fungiert, der Muskel M. posticus aktiv, dessen Spannung die Öffnung der Glottis bewirkt. Dieser Spannungszustand macht die Mitwirkung der Arytaenoid-Muskeln als Schließer der Stimmlippen unmöglich, außerdem lähmt er die Einstellung des Vocalis-Muskels, der in der Arytaenoid-Muskulatur eingebettet ist. Durch die hierbei entstandene Unfähigkeit des Vocalis-Muskels, die Stimmlippen zu verdicken, kann die Lautstärke nicht über den Punkt hinaus gesteigert werden, der ihr durch die gesungene Tonhöhe in reinem Falsett zugewiesen wird.

> Es lässt sich also festhalten, dass bei einer reinen Falsettklangqualität den Dehnern der Stimmlippen (dem Cricothyreoid-Muskelsystem) keinerlei Widerstand durch die Teile des Arytaenoid-Muskelsystems entgegengesetzt wird, deren Spannung die Glottis verschließt oder die Stimmlippen verdickt. Unter diesen Bedingungen kann die produzierte Tonqualität nur ganz kurz aufrechterhalten werden. Sie kann weder verstärkt noch zurückgenommen werden, außerdem reicht der Tonumfang nicht über eine Quinte hinaus.

Nachdem alle Muskelspannungen, die eine gute oder etwas weniger gute Tonqualität hervorrufen, eliminiert worden sind, kann man das Arrangement der inneren Larynxmuskulatur als Falsett definieren, wie es oben bereits gezeigt wurde.

Die vielfältigen Typen von halb legitimierten Klangeigenschaften liegen innerhalb oder auch jenseits eines reinen Falsetts und können nicht ohne größere oder weniger größere Widerstandsleistung durch die Muskeln M. obliquus, M. transversus und M. lateralis produziert werden. Sobald diese Muskelgruppen unter Spannung stehen, unterzieht sich ein reines Falsett einer Serie von Umformungen, die einen größeren Tonumfang und eine komplette Integration mit dem Brustregister ermöglichen.

Dennoch gibt es negative Einflüsse, die zwar den Stimmumfang erweitern können, aber Attribute aufweisen, die eine falsche Tonqualität hervorrufen und nur scheinbar entwicklungsfähig sind. Über ein Kriterium, welches diese Unterschiede zu definieren vermag, kann man nur spekulieren. Der verantwortliche Mechanismus liegt wahrscheinlich innerhalb der Spannungsfähigkeit der Vocalis-Muskeln im Innern des Kehlkopfs, die unter verschiedenen Bedingungen die Stimmlippen zusammenführen, spannen oder entspannen. Die Unterschiede zwischen einer Tonqualität, die entwickelt, und einer solchen, die nicht entwickelt werden kann, werden durch die Muskelreaktion bestimmt, die eine Annäherung der Stimmlippen durch die äußere Arytaenoid-Spannung mit oder ohne Beteiligung der Vocalis-Muskeln veranlasst.

> Als Reaktion auf den Lautstärkeanstieg beeinflussen und kontrollieren die Vocalis-Muskeln die Stimmlippenspannung.

Fehlt eine koordinierte Beziehung des Arytaenoid-Muskelsystems mit den Cricothyreoideus-Muskeln, dann entsteht eine falsche Tonqualität, die auf eine statische Einstellung hinweist, welche eine Steigerung der Lautstärke verhindert und nicht in eine volle Stimme geführt werden kann.

> Das entscheidende Kontrollmittel bei der Entwicklung und Integration eines Falsetts mit dem Brustregister ist die Reaktion der Kehlkopf-Muskelsysteme auf speziell angepasste Übungsmuster aus Tonhöhe, Lautstärke und Vokalverbindung.

Diese Kombinationen sind zahllos und vielfältig. Jede von ihnen erzeugt Klangmerkmale, die man mit den technischen Bedingungen in Verbindung bringen muss, die für ihr Erscheinen unmittelbar verantwortlich sind. Weil sich diese technischen Bedingungen während verschiedener Phasen der Entwicklung ändern, ist es des Sängers Verantwortlichkeit, diese technischen Veränderungen aufzuspüren und sie mit den tonalen Eigenschaften in Verbindung zu bringen, zu denen sie gehören. Mit Hilfe der Beobachtung der Reaktion der inneren Larynx-Muskulatur auf die unterschiedlichen Übungen und die dazugehörigen Klangergebnisse können diese funktionalen Interaktionen kopiert und nachgebildet werden. Auf der Basis solcher Experimente wird es dann möglich, ein Falsett zu verstehen und die Vorgänge erfolgreich weiterzuentwickeln, damit dieses Register mit der Bruststimme integrieret werden kann. Der besondere Nutzen dieser Art von Stimmbeobachtung und Stimmbildung ist es, funktional Hören zu lernen und eine Vielzahl von Toneigenschaften ihrem mechanischen Ursprung zuordnen zu können. Die Kultivierung dieser Fähigkeiten verspricht die Verbindung und Vereinigung der Ästhetik mit der Funktion. Wer diesen Weg erfolgreich zu Ende geht, wird realisieren, welche Rolle das Falsett bei der Entwicklung seiner technischen Fähigkeiten spielt.

Funktionales Stimmbildungskonzept im 21. Jahrhundert

Das mechanische System der Klangerzeugung

Die meisten pädagogischen Systeme beruhen auf modischen Gepflogenheiten, die zeitlich oder örtlich bedingt sind und mit einer psychologischen Vorliebe für bestimmte charakteristische Klänge zusammenhängen. Schon immer ließen sich die größten Sänger, die fast ausnahmslos bewundert wurden, durch keinerlei Zeitgeschmack einschränken.

Es ist nicht falsch, an etwas festzuhalten, das man mag, aber für Stimmpädagogen ist wichtig zu verstehen, dass das Kehlsystem ein motorisches System ist, das wie alle derartigen Systeme entweder höchste Effizienz oder gewisse Mängel aufweist. Natürlich hängt das Ziel, schöne Klänge zu produzieren und Stimme beeinflussen und kontrollieren zu können, davon ab, wie der Stimmmechanismus reagieren kann. Da wir als Gesangslehrer unaufhörlich danach streben, die Stimme der Schüler und Studenten zu befreien, stellt sich die Frage: Wie erwirbt man sich die dafür erforderliche Sachkenntnis? Diese Frage mündet fast zwangsläufig in ein Nachdenken über die Mechanik des Singens aus funktionaler Sicht.

- Was ist Stimme?
  Stimme ist durch Muskelaktivitäten der Stimmlippen hervorgerufene Bewegung von Luft, die als Klang oder Tonhöhe wahrgenommen wird. Diese Schwingungen besitzen keine mechanische Eigenfunktion, sondern sind nur das Produkt anderer Funktionen.
- Was ist die Quelle der Vibrationsimpulse, die wir Stimme nennen, und was trainieren wir?
  Physikalisch gesehen, trainieren wir nur das für die Tonerzeugung verantwortliche Muskelsystem, nicht aber die Stimme selbst. Geistig gesehen, erziehen, entwickeln und verfeinern wir dagegen die Vorstellung von Klang (Gesang), was das Wichtigste ist.
- Welche physikalischen Elemente sind für die Klangerzeugung verantwortlich?
  Töne werden durch einen Mechanismus erzeugt, der oft als Stimmorgan bezeichnet wird. In Wirklichkeit gibt es aber kein solch eigenständiges Organ. Das Organsystem dagegen, das benutzt wird, um Klang zu erzeugen, ist eine Kombination zweier lebenswichtiger Funktionen: die eine ist Teil der Atmung und die andere Teil der Verdauung. Beide Aufgaben spie-

len sich im Innern der knorpeligen Struktur des Kehlkopfs ab. Singen ist deshalb keine Funktion an sich, sondern eine sekundäre oder abgeleitete Funktion.

- Wie kann man diese lebenserhaltenden Systeme beschreiben?
  Das erste und wichtigste der beiden Systeme ist das Atmungssystem, welches die Stimmlippen öffnet und schließt und dadurch den Austausch von Sauerstoff und Kohlendioxyd bewirkt. Diese reflektorische Aktion wird durch das innen im Kehlkopf liegende Arytaenoid-Muskelsystem kontrolliert. Das zweite lebenswichtige System hat eigentlich mit der Nahrungsaufnahme zu tun und ist mit der Bewegung des Magen- und Darmtraktes verbunden. Während dieses Prozesses steigt der Kehlkopf auf und ab und kippt nach vorne und hinten, diese Bewegungen werden durch das außen am Kehlkopf liegende Cricothyreoid-Muskelsystem gesteuert.
- Was hat dies mit Gesang zu tun?
  Eine ganze Menge! Weil diese beiden Muskelsysteme die physikalische Beschaffenheit (Konfiguration) der Stimmlippen während der Klangerzeugung beeinflussen und dabei auf die verschiedenen Kombinationsmuster von Tonhöhe, Lautstärke und Vokalfarbe treffen, sind sie die eigentliche Quelle der mechanischen Aktivität, die Stimmklang erzeugt. Da diese Muskelsysteme aktiv an den Schwingungsverhältnissen der Stimmlippen beteiligt sind, stellen sie den physikalischen Ursprung dessen dar, was man seit Jahrhunderten als Stimmregister bezeichnet.
- Was ist ein Stimmregister?
  Ein Register ist ein Muskelsystem oder Teil eines Muskelsystems, das durch seine Bewegung die physikalische Beschaffenheit (Konfiguration) der Stimmlippen verändert und das Schwingungsverhältnis der Stimmlippen konstant hält.

> Es gibt nur zwei Muskelsysteme, die die Stimmlippen verändern und ihr Schwingungsverhältnis konstant halten; also gibt es auch nur zwei Register!

Ein Register ist das Cricothyreoideus-Muskelsystem (Ring-Schildknorpel-Muskelsystem), dessen ausschließliche Funktion es ist, die Stimmlippen zu dehnen und damit die Tonhöhe zu ändern. Das andere Register ist das Arytaenoideus-Muskelsystem (Stellknorpel-Muskelsystem) mit seinen Muskeln M. lateralis, M. obliquus und M. transversus sowie des M. posticus, deren Funktion es ist, die Stimmlippen zu öffnen oder zu schließen und damit die Veränderung der Lautstärke zu bewirken.

> Dass jedes der beiden Muskelsysteme von einem Nervenast desselben Nervs (Vagusnerv) versorgt wird, ist ein weiterer Beleg dafür, dass es nur zwei Register gibt, die entweder zusammen oder aber auch unabhängig voneinander arbeiten können.

- Was ist das Funktionsprinzip dieser Wechselwirkung?
  Mechanisch gesehen, neigt sich durch die Kontraktion des M. cricothyreoideus (das außen am Kehlkopf liegende Ring-Schildknorpel-Muskelsystem) der Schildknorpel vorwärts und abwärts und bewirkt dadurch eine Verlängerung und Verdünnung der Stimmlippen. Das Klangresultat ist eine ansteigende Tonhöhe. Dieses Register ist ausschließlich für die Tonhöhenveränderung verantwortlich, da es vor der Kehle liegt und keinerlei Einfluss auf die Schließung der Stimmlippen hat.
  Sobald der Kontraktion des M. cricothyreoideus durch den einzigen Glottisöffner M. posticus Widerstand entgegengesetzt wird, bleibt die Stimmritze geöffnet. Bei der so verursachten Glottisöffnung entweicht die Luft schnell, die dann erzeugte hauchige Tonqualität bezeichnet man als reines Falsett.
  Wenn dagegen die Muskeln M. lateralis, M. obliquus und M. transversus (also Teile des im Innern des Kehlkopfs liegenden Muskelsystems) die Stimmlippen schließen, muss die Spannung am M. posticus nachlassen. Damit wird die Glottis geschlossen, und die Stimmlippen werden dicker und kürzer.
  Wenn sich aber der M. cricothyreoideus komplett passiv verhält und die Stimmlippen ausschließlich aufgrund der Kontraktion der Mm. arytaenoidei geschlossen werden, dann entsteht eine Tonqualität, die man als isolierte oder reine Bruststimme bezeichnet.

Funktionale Stimmentwicklung

Welche praktische Anwendung kann aus diesen Erkenntnissen resultieren? Dass die Mm. arytaenoidei und die Mm. cricothyreoidei wesentlich für die Aufrechterhaltung der Schwingungsverhältnisse der Stimmlippen sind, ist für viele Gesangslehrer zunächst einmal keine Hilfe, solange sie nicht wissen, wie sie diese Muskelsysteme beeinflussen können. Ebenso wenig schöpfen sie Trost aus dem Wissen, dass die Regulierung von Tonhöhe oder Lautstärke nur mit Hilfe der Bewegung dieser Muskeln möglich ist. Vermutlich wurden genau aus diesem Grunde die mechanischen Abläufe (Funktion) der Muskelsysteme und die Stimmregister, mit denen sie verbunden sind, von vielen Gesangslehrern als konkrete theoretische und praktische Realität ignoriert.

Eine Abkehr von dieser oberflächlichen Sichtweise führte zu dem Begriff „funktionale Stimmentwicklung". Allein funktionale Stimmentwicklung bietet praktische Maßnahmen an, die unentbehrlich sind für die Regulierung und Kontrolle aller wesentlichen Muskeln im Kehlkopf, die während des Gesangs unwillkürlich reagieren. Die Grundlage der funktionalen Stimmentwicklung bildet die Einsicht, dass körperliche Funktionen grundsätzlich logisch sind und dass man ein organisches System wieder in den ursprünglichen Zustand versetzen und seine Leistungsfähigkeit durch die Kontrolle seiner Umgebungsbedingungen verbessern kann. Üblicherweise wird Kontrolle über alle wesentlichen Muskeln im Kehlkopf sowie über mechanische Funktionen generell durch die einfache Methode der Verbindung der drei Basiselemente Tonhöhe, Lautstärke und Vokal in Gestalt einer Stimmübung ausgeübt. Wenn derartige Stimmübungen richtig konstruiert und dem individuellen Entwicklungsstand des Studenten angepasst sind, können verlorene organische Bewegungen wiederhergestellt und die unzulänglichen Muskelreflexe an der Klangquelle in der Weise verändert werden, dass der Mechanismus wieder technische Leistung auf höchstem Niveau bringen kann.

Die Rolle von Tonhöhe, Lautstärke und Vokal als Kontrollfaktoren

- Die Spannung der Mm. cricothyreoidei (der Ring-Schildknorpel-Mukulatur) verändert die Tonhöhe. Deshalb kann man umgekehrt auch die Veränderung der Tonhöhe in einer Übung als Steuerung oder Kontrollfaktor für dieses Muskelsystem benutzen.
- Die Spannung der Mm. arytaenoidei (des Stellknorpel-Muskelsystems), die die Stimmlippen verkürzen, verdicken und schließen, ist verantwortlich für den Anstieg oder die Verringerung der Lautstärke. Daraus folgt umgekehrt, dass der Grad der Lautstärke einen wichtigen Kontrollfaktor für die Regulierung der Mm. arytaenoidei darstellt.
- Neben dem proportionalen Spannungsanstieg zwischen den Mm. cricothyreoidei und den Mm. arytaenoidei, der sich unmittelbar auf die Ton-

höhe und die Lautstärke auswirkt, gibt es noch einen weiteren Kontrollfaktor, nämlich die Wahl des Vokals und seines aus der Form (Konfiguration) des Ansatzrohrs resultierenden spezifischen Klangcharakters. Jede Form des Ansatzrohrs veranlasst sowohl eine Veränderung der physikalischen Ausdehnung der Stimmlippen als auch der Aufteilung der Spannungsverhältnisse der Muskelsysteme untereinander. Zum Beispiel: Wenn man den Vokal „u" singt, werden die Stimmlippen reflektorisch verlängert und verdünnt, was gleichzeitig einen Spannungsanstieg der Mm. cricothyreoidei bedeutet. Wenn der gesungene Vokal dagegen ein „a" ist, werden die Mm. arytaenoidei veranlasst sich zu spannen, die Stimmlippen zu verkürzen und zu verdicken.

Angesichts dieser Wechselwirkungen darf die Rolle der Tonhöhe, der Lautstärke und der Vokale als Kontrollmöglichkeiten nicht ignoriert werden:

- Wechselt man die Tonhöhe, verändert sich entsprechend die Konfiguration (physische Gestalt) der Stimmlippen.
- Wechselt man die Lautstärke, verstärkt sich die Kontraktion des gegenspielerischen Muskelsystems, das sein Schwingungsverhalten korrespondierend ansteigen lässt, um diese Lautstärkeänderung zu begleiten.
- Wechselt man den Vokal, passen sich gleichzeitig das Ansatzrohr und die physische Gestalt der Stimmlippen an. Jeder Wechsel hat direkt eine Veränderung der Klangergebnisse (Klangeigenschaften) zur Folge.

Vorgehensweisen, die die natürlichen Reflexe der sängerischen Muskulatur durch verschiedene Kombinationen der Tonelemente (Tonhöhe, Lautstärke und Vokal) anregen, sind fähig, alle stimmlichen Probleme von selbst zu korrigieren.

Funktional hören zu lernen, ist der Schlüsselfaktor bei der Beobachtung dieser verschiedenen Einflüsse und ihrer Wirkung auf organische Reaktionen, gleichgültig ob man eine Stimmübung oder Repertoire singt. Sowohl für den Lehrer als auch für den Studenten ist ohne Zweifel der wichtigste Aspekt funktionaler Stimmentwicklung, das Gehör zu trainieren – nicht vorrangig, die Ästhetik eines Klangs zu beurteilen, sondern die verschiedenen Muskelaktivitäten im Klangprodukt zu erkennen, die die Freiheit des Stimmflusses behindern. Ein Klangideal kann nicht losgelöst von einer freieren Tonerzeugung und einer differenzierteren Vorstellung von Klangeigenschaften betrachtet werden. Die Entwicklung der Gesangsstimme ist deshalb nicht eine Frage der Ästhetik, sondern eine Frage der Funktionalität. Eine frei funktionierende Stimme macht ein ästhetisches Klangideal erst möglich. Wie ein geschickter Mechaniker, der bei einem Motor die Ursache der Funktionsstörung hören kann, muss der Stimmlehrer Funktionales ebenso wie Ästhetisches hören und deuten lernen. Das Wesentliche dieses Hörens ist das Erkennen der durch die verschiedenen Stimmregister (Muskelsysteme) hervorgerufenen besonderen Klangqualitäten wie Bruststimme oder Falsett.

Funktionale Stimmentwicklung ist ein Prozess, durch den man erkennt, dass die zur Produktion von Singstimme benutzten organischen Systeme einen Mechanismus in Gang setzen, dessen mechanischer Ablauf einem unmittelbar wirksamen Prinzip entspricht. Dieses Prinzip spiegelt die Mechanik der Registrierung wider und damit die mechanische Wechselwirkung zwischen Bruststimmen- und Falsettklang sowie den sie verursachenden Muskelsystemen.

Carol Baggott-Forte

Hätte man die Stimme von Maria Callas retten können?[101]

Die meisten Menschen, auch solche, die keine Sänger sind, halten die Frage *Möchtest du wie Maria Callas singen können?* beinahe für überflüssig, weil die Antwort selbstverständlich zu sein scheint: *Natürlich – jeder möchte wie die Callas singen, oder?* Schließlich war die Callas die Diva der Divas. Ihr Name war in der Opernwelt ein Begriff, sie war die begehrteste Sopranistin ihrer Ära und Gegenstand zahlreicher Biografien, wurde von allen bewundert, ja sogar vergöttert.

Das Interesse an Maria Callas und ihrer Persönlichkeit hält auch Jahrzehnte nach ihrem Tod unvermindert an. Während des Entstehens dieses Artikels übertraf eine neue Biografie von Nicolas Gage, *Greek Fire – The Story Of Maria Callas and Aristotle Onassis*, bereits am ersten Verkaufstag alle Erwartungen und zeugt damit von der Neugier auf intimste Details aus dem persönlichen Leben der Callas. Auch unmusikalische Menschen werden vom Gefühlsausdruck in Callas' Gesang ergriffen. Beleg dafür sind die Reaktionen des Kinopublikums auf Szenen im Film *Philadelphia* aus dem Jahr 1994, in denen der Schauspieler Tom Hanks in Maria Callas Aufnahme der Arie *La Mamma Morta* aus dem dritten Akt von Giordanos Oper *Andrea Chénier* schwelgt und sich in Callas' Gefühlsausbrüchen verliert. – Was bringt bei allen Musikliebhabern und ganz besonders bei Liebhabern der Opernmusik, wenn sie dem mit größter Kunstfertigkeit ausgeführten Gesang großer Musik lauschen, eine Saite zum Schwingen? Befriedigt Singen vielleicht irgendein unbewusstes Bedürfnis zur Selbstdarstellung, dem das gesprochene Wort nicht gerecht werden kann? Ist Freude am Gesang möglicherweise auch nur anerzogen, so wie man lernt, Spinat zu essen, weil es gesund ist? Oder ist Gesang für musikalisch veranlagte Menschen ganz einfach bloß der natürlichste Weg, ihre tiefsten Gefühle, wer und was wir sind, auf die vornehmste Art und Weise auszudrücken?

Alle diese Fragen stellen sich, wenn man an die griechisch-amerikanische Sopranistin Maria Callas denkt, eine der faszinierendsten, verwirrendsten und tragischsten Sängerinnen ihrer Zeit. Maria Callas war faszinierend, weil

[101] Baggott-Forte, Carol: *Could Maria Callas' Voice Have Been Saved?*, in: *The Modern Singing Master – Essays in honour of Cornelius Reid*, hg. von Ariel Bybee und James E. Ford, Maryland 2002. S. 187–203.

sie mehr als alle anderen die Phantasie der Musikwelt beherrschte und weil sie zu einer Zeit lebte, in der die Technologie der Massenkommunikation ihren Namen weltweit berühmt machte. Callas war verwirrend, da ihr Temperament und ihre Karriere so gegensätzlich waren. Tragisch war der frühe Untergang ihrer Stimme, der die Welt nach ästhetischer Befriedigung hungernd zurückließ – dies in einer Zeit, in der durch schreckliche Weltkriege und menschliches Leid die Welt von Narben entstellt war und die Idee des menschlichen Fortschritts Lügen gestraft worden war.

Durch Tonaufnahmen, Publikationen, Filme und Internet stehen uns zahlreiche historische Quellen über Callas zur Verfügung. Dieses Archiv des späten 20. Jahrhunderts ermöglicht es uns, aus der Distanz das Phänomen einer unberechenbaren unsteten Musikerin kennen zu lernen, die durch die bloße Erwähnung ihres Namens manche Opernliebhaber in ekstatische Verzückung versetzt. Das Urteil über Callas' Gesang und ihren Einfluss auf die Opernwelt ist nicht einstimmig. Einige sagen, sie sei die größte Sängerin des 20. Jahrhunderts. Bei anderen aber, so auch bei der Autorin dieses Artikels, fällt das Urteil weniger lobend aus. Sowohl während Callas' aktiver Bühnenkarriere als auch nach ihrem Rückzug von öffentlichen Auftritten bestätigten Kenner inner- und außerhalb der Opernwelt, dass ihre Gesangstechnik und damit die grundlegenden physischen Prozesse der Stimmgebung sehr fehlerhaft gewesen seien. Ihre Stimmtechnik sei nicht ausgefeilt genug gewesen, um die dramatischen Impulse und die musikalische Vorstellungskraft, die ihre Darstellungsweise steuerte, zu beherrschen. Im Ergebnis bemängelten sie, Maria Callas habe keine gesunde Technik gehabt.

Dies führt uns zu zwei Fragen: Hätte diese ungesunde und fehlerhafte Stimme gerettet werden können, und wenn ja, wie? Um diese Fragen beantworten zu können, betrachten wir erstens den Einfluss von Callas' Kindheit und Jugend auf ihre Gesangsentwicklung und ihre Persönlichkeit, zweitens das Anwenden einer Gesangstechnik, die ein frühes stimmliches Ende vorausahnen lässt und drittens die Beziehung zwischen Psyche und Soma (Geist und Körper) in Callas' Gesang. In den Schriften von Cornelius Reid findet man Kriterien für die Beurteilung von Maria Callas' Gesang in Beziehung zur Verbindung von Körper und Geist. Reids Lehre führt uns zu Antworten auf unsere Fragen.

Die frühe Entwicklung von Callas' Gesangstechnik

Zur Entwicklung einer dauerhaft gesunden Stimmtechnik schreibt Cornelius Reid Folgendes:

> *Zeit ist ein äußerst wichtiger Faktor bei der Entwicklung der Re-Koordination und des Tonus-Aufbaus von Stimmmuskulatur. Es ist überliefert, dass ein Zeitraum von sieben bis neun Jahren notwendig ist (auch bei anerkannten Lehrern der Belcanto-Ära), bis eine Stimme ihr höchstes Entwicklungsstadium erlangt hat. Außerdem erreicht ein Mensch erst im Alter von 40 Jahren seine volle stimmliche Reife. Vorausgesetzt, man singt richtig, ohne den Mechanismus zu missbrauchen, und bleibt gesund, währt die stimmliche Blütezeit eines Sängers mindestens 20 Jahre – vom 40. bis zum 60. Lebensjahr.*[102]

Als Marias Mutter erkannte, dass Maria Callas musikalisch war und eine gute Stimme besaß, entschloss sie sich, nicht nur die Begabung ihrer Tochter durch Klavierstunden zu fördern, sondern auch durch den Erwerb klassischer Musik auf Tonträgern, um sie auf eine Gesangskarriere vorzubereiten. Nicht allein ihre Mutter, sondern auch spätere Lehrer, befreundete Sänger und ebenso Marias Ehemann wollten durch Marias Begabung selbst zur Geltung kommen. Maria wurde zum Objekt für andere, die sich an sie ketteten, um ihre eigenen Interessen durch sie verfolgen zu können. Unter derartigen persönlichen, sozialen und beruflichen Verbindungen litt die Diva ihr Leben lang.

Obwohl Maria in ihrer Jugend scheu und linkisch war, wurde sie aufgefordert, zu früh, zu viel und zu Kräfte zehrend zu singen. 1937, als Maria Schülerin bei Maria Trivella am nationalen Konservatorium in Athen war, hatte sie in einer studentischen Opernaufführung ihren ersten öffentlichen Auftritt als Santuzza in der Oper *Cavalleria Rusticana.* Danach folgte mit 15 Jahren die Titelrolle in *Suor Angelica,* und bevor sie 18 Jahre alt war, sang sie die Titelrolle in der Oper *Tosca.* Solange die Kunstwelt Athens so beeindruckt war, verschwendete niemand einen Gedanken daran, dass es sich bei diesen Titelrollen um drei dramatische Rollen handelte, die nur von reiferen Sängern mit reiferen Stimmen hätten gesungen werden dürfen. Oder war man der Meinung, Marias Begabung sei so faszinierend, dass sie verdiene, herausragende stimmliche Aufgaben zu erhalten, um ihre stimmlichen Fähigkeiten angemessen zeigen zu können? Wir wissen nicht, ob dieses Repertoire 1930 für Schüler üblich war, heute aber finden wir keine solchen Praktiken in den Konservatorien. Oder doch?

Maria Callas war jung und frühreif, und zweifellos war ihr Gesang bezaubernd, gewinnend und für die Zukunft viel versprechend. Die Frage, wer dafür verantwortlich war, dass sie diese Rollen sang, bleibt bis heute unbe-

[102] Reid, Cornelius L.: *A dictionary of vocal terminology, an analysis,* New York 1983, S. 234.

antwortet. War es ein Lehrer, ein Korrepetitor, ihre Mutter oder Maria selbst, die sie dazu brachten, sich derartige stimmliche Höhenflüge zu gestatten? Dass Heranwachsende genügend Lebenserfahrung besitzen, um solch dunkle Gefühle wie Wut, Frustration, Hass und Furcht auszudrücken, wie es in der Oper gefordert wird, ist äußerst selten. Auch wenn wir die emotionale Unreife außer Acht lassen, müssen wir Lehrer und Korrepetitoren doch sorgsam mit der ungeformten jungen Stimme umgehen und sie schützen.

Warum ist diese Überwachung so wichtig, weit blickend und notwendig? Kinder schreien, brüllen, machen eine Menge unerwünschten Lärm und sind bekannt dafür, dass sie wissen, wie man ein Haus zum Beben bringt und die Ohren der Erwachsenen dazu zwingt, sich eine ruhigere Umgebung zu suchen. Die Antwort auf die Frage, warum Stimmüberwachung so wichtig ist, ist einfach: Wenn Kinder brüllen, schreien, lachen und glucksen, drücken sie damit ihre eigenen Gefühle aus und nicht die manipulierten Gefühle eines anderen Charakters. Ihre stimmlichen Reflexe sind gesund, und im Allgemeinen wird durch dieses Schreien ihre Stimme gekräftigt, so dass sie am nächsten Tag wieder schreien können.

Der äußerst dramatische Opernstoff wird normalerweise mit hoher Lautstärke über lang ausgehaltenen Phrasen gesungen und ist deshalb für einen heranwachsenden Kehlkopf und eine sich entwickelnde Muskulatur nicht geeignet. Diese beständig hohe Lautstärke verursacht in der falschen Tonlage ein überaktives Brustregister und damit eine Verdickung der Stimmfalten. Wird das Brustregister oberhalb des Bruchs von jungen Sängern in dramatischen Rollen über längere Zeit hinweg gesungen, führt dies möglicherweise zu schädigenden Gewohnheiten, noch bevor die Stimme voll entwickelt ist. Später im Leben versucht der erwachsene Sänger dann, mit Hilfe eines gewohnheitsmäßigen Reflexes die gleiche kinästhetische Empfindung wieder abzurufen, wobei das Ergebnis oft wenig erfolgreich, vielmehr verheerend ist. Wie jedes andere willkürlich oder unwillkürlich reagierende Muskelsystem im Köper haben auch der Kehlkopf und seine dazugehörigen Muskeln ein Muskelgedächtnis.

Im reiferen Alter sang die Callas viele dramatische Rollen des Verismus nicht mit der erforderlichen Kunstfertigkeit, da sich ihr Körper immer wieder daran erinnerte, wie es sich in ihrer Jugend angefühlt hatte, diese Rollen zu singen. Callas erwähnte, dass das Singen in ihrer Jugend für sie eine athletische Erfahrung gewesen sei, dass sie die Läufe, Roulladen und die vollkehligen hohen Töne genossen habe. Hätte ihre Lehrerin Trivella sie ermutigt, jugendliche Frauenrollen wie die Norina in *Don Pasquale,* die Lauretta in *Gianni Schicchi* oder die Zerlina in *Don Giovanni* zu singen, dann hätte sie Callas' junge Stimme bewahren können. In diesem Zustand wäre ihre Stimme bereit gewesen für konstruktive Anweisungen besserer Lehrer, die es der Stimme erlauben, vor dem Einstudieren dramatischer Rollen zu reifen. Denn selbst die eben vorgeschlagenen Frauenrollen sind in der Zeit des Heranwachsens fragwürdige Kost. Mit Freude kurze Repertoirestücke mit ausgeprägten melodischen Linien in einer angemessenen Lage und in verschiedenen Sprachen zu singen, hätte das Temperament der jungen Sängerin besser unter Kontrolle gebracht. Merkwürdigerweise hat Callas nie Lieder gesungen, sondern nur Opernarien und hier ausschließlich die bombastischen Glanzstücke. Diese Vorgehensweise ist ungewöhnlich, denn nach den üblichen Lehrmethoden bietet man jungen Gesangsschülern zu Beginn des Studiums weniger anspruchsvolle Stücke an. Es scheint, als wäre Trivella dem Ehrgeiz von Marias Mutter gefolgt und hätte dem Mädchen in seiner Effekthascherei nachgegeben. Oder hatte Trivella diesen Literaturzugang bewusst gewählt, um Marias Selbstbewusstsein zu stärken, weil sie so scheu war? Wir kennen Trivellas Motive nicht.

Callas wichtigste und einflussreichste Lehrerin war die geborene Spanierin und Koloratur-Sopranistin Elvira de Hidalgo. Mit 16 Jahren hatte de Hidalgo ihr Debüt am Teatro San Carlo in Neapel, danach sang sie an der Met in New York, an der Scala in Mailand, in Buenos Aires und in anderen führenden Opernhäusern weltweit. Sie war bekannt für ihre Interpretationen von Koloratur-Partien. Sie besaß ein feuriges spanisches Temperament, mit dem sie eine sehr glaubwürdige Rosina singen konnte. Es ist eine neue, digital bearbeitete Aufnahme mit der von de Hidalgo gesungenen Arie *Una voce poco fa* aus *Barbiere di Siviglia* erhältlich. Ein geschultes Ohr kann feststellen, dass die Studentin Maria Callas die gesamte Interpretation dieser Arie von ihrer Lehrerin übernommen hat. Die Wiedergabe ist fast identisch. Wie viel die Callas von der stimmlichen Kunstfertigkeit de Hidalgos übernommen hat, lässt sich nicht sagen, es ist aber auffallend, dass beide Sopranistinnen, als sie etwa 40 Jahre alt waren, ihre Karrieren beendeten, genau in dem Alter, in dem die Blütezeit einer Stimme eigentlich beginnen sollte.

Die Aufführungen und Aufnahmen der Callas in ihren frühen Jahren von den Koloratur-Arien der Belcanto-Literatur könnten zu dem Schluss verleiten, de Hidalgo sei eine bemerkenswerte Lehrerin gewesen. Diese Schlussfolgerung ist mit einem Fragezeichen zu versehen, denn laut eigenen Erzählung der Callas[103] war es Elvira de Hidalgo, die bereits 1940 einen Vertrag mit der Nationaloper in Athen für ihre 17-jährige Schülerin abgeschlossen hatte, nachdem diese gerade sechs Monate Unterricht bei ihr hatte. Stimmen

[103] Vgl. Ardoin, John: *Callas at Julliard – The Masterclasses*, New York 1987, S. 4.

kann man nicht in sechs Monaten ausbilden! Deshalb konnte sich Callas nur auf ihr natürliches, angeborenes Talent verlassen, um an der Oper zu singen. Sie konnte nur die Technik einsetzen, die ihr von Trivella vermittelt worden war, und eventuell die Partien der de Hidalgo und anderer Sängerpersönlichkeiten nachahmen.

Ferner regte de Hidalgo Maria Callas kurz vor ihrem 20. Geburtstag an, die Titelrolle der La Gioconda aus der gleichnamigen Oper von Amilcare Ponchielli zu erlernen. Aus dieser Oper ist die Arie *Suicidio* auf einer Schallplatte konserviert, die Callas mit 29 Jahren gesungen hat. Einem aufmerksamen Hörer wird nicht entgehen, dass die Callas auf dieser Aufnahme das Brustregister rücksichtslos durch alle Lagen zieht. In dieser Arie nutzte sie ihren eigenen Temperamentsausbruch, statt eine ausgefeilte Technik einzusetzen, wie man sie zu Beginn des 20. Jahrhunderts von Rosa Ponselle in der gleichen Arie hören kann. Die Register in Callas Stimme waren im Bereich des Bruchs [zwischen h – fis^1], in dem sich das Brustregister und das Falsett überlappen, niemals richtig ausbalanciert. Callas fehlten die stimmlichen Fertigkeiten, um die Worte in der Arie *Suicido* feinsinnig nuancieren zu können. Sie hatte nur zwei Möglichkeiten: entweder ein besonders kräftiges Brustregister oder eine schwache Kopfstimme einzusetzen. Der extrem starke Brustregistereinsatz schien für die Callas die bevorzugte Wahl für den emotionalen Ausdruck dieser Arie zu sein. Leider trieb sie damit das Brustregister nicht nur in die mittlere, sondern auch in die obere Tonlage und erreichte so, dass die Kopfstimme noch mehr geschwächt wurde. Eine Aufnahme von 1952 mit der Arie *Vieni t'affretta* aus Verdis *Macbeth* ist ein weiteres gutes Beispiel für den Gebrauch ihrer großen emotionalen Intensität. Die Oktave oberhalb des Bruchs wird zu sehr dramatisch angesteuert und die wiederholten [fis^2] werden regelrecht gehämmert.

Manchmal ist es lehrreich und gelegentlich sogar amüsant zu lesen, wie Sänger ihre Arbeit einschätzen. So erzählt Callas beispielsweise:

> *Die Karriere eines Sängers baut sich im Wesentlichen auf seiner Jugend auf: Weisheit kommt später* [...] *Je früher wir anfangen zu trainieren, desto besser, damit wir die Basis unserer gewünschten Weisheit früher erreichen können.*[104]

Anscheinend hat Callas dies wirklich geglaubt. Mit folgenden Worten rechtfertigt sie das Singen der Rollen Suor Angelica in *Cavalleria Rusticana* und in der *Tosca* in ihren Teenager-Jahren:

[104] Ebd., S. 3.

> *Dies sind schwere Rollen für ein junges Mädchen, aber de Hidalgo lehrte mich, dass ganz gleich, wie schwer eine Rolle auch ist, eine Stimme leicht sein muss und niemals zu schwer, aber geschmeidig wie der Körper eines Athleten.*[105]

Wenn es Callas' Ziel war, diese Rollen mit Leichtigkeit zu singen, so sind leider nur wenige Spuren dieser Intention auf ihren Aufnahmen zu hören. Ihr Technikproblem muss Callas bewusst gewesen sein, als sie 1972 in einer Meisterklasse einer jungen Sängerin sagte, dass *sie ihre Karriere ihrer Bruststimme verdanke.*[106] Leider erwähnte sie aber nicht, dass es auch dieses Brustregister war, das ihre Karriere zerstört hatte.

De Hidalgo selbst dürfte von Lehrern der gleichen Schulrichtung des 17. und 18. Jahrhunderts unterrichtet worden sein. Im 19. Jahrhundert war es für junge Sänger nicht unüblich, im späteren Jugendalter ihr Operndebüt zu geben. Noch heutzutage ist der Irrtum weit verbreitet, dass Sänger, die nicht mit spätestens 24 oder 25 Jahren auf der professionellen Bühne stehen, für eine Karriere untauglich sind. Dieses Missverständnis dürfte darauf beruhen, dass in früheren Zeiten der Operngeschichte die Stimmschulung schon vor der Pubertät einsetzte. Außerdem war die Lebenserwartung im 18. Jahrhundert in Europa geringer, und die Menschen beherrschten ihr Handwerk und ihre Berufe wesentlich früher als die Zeitgenossen des 20. Jahrhunderts. Stimmfertigkeiten durch jahrelangen regelmäßigen Gesangsunterricht zu erwerben, war damals üblich, ganz im Gegensatz zur allgemeinen Praxis des 20. Jahrhunderts, bei der Sänger annehmen, in zwei oder drei Jahren Gesangsunterricht für die berufliche Karriere vorbereitet zu sein, und es nicht mehr nötig finden, danach einen Unterrichtsraum zu betreten.

Knapp kommentiert der Stimmwissenschaftler Stephen Austin den frühen Ausstieg junger Sänger, *die zunächst als „Wunderkinder" und in ihren 20er-Jahren auftreten, die aber bereits wenige Jahre später von der Bühne verschwunden sind* [...]. *Warum ist das so? Der Grund liegt darin, dass ihr Gesang zwar gut klingt, aber nicht gut für sie ist.*[107] Ebenso knapp lautet eine Anweisung Cornelius Reids an seine Schüler: *Singen ist ein Akt des Könnens und nicht ein Akt des Willens.*[108] Wer je versucht hat, ehrgeizige junge Schüler zu unterrichten, wird die Erfahrung gemacht haben, dass diese mehr von

[105] Ebd., S. 4.

[106] *Maria Callas at Juilliard,* EMI CD 1987, Disc 2, Track 3.

[107] Austin, Stephen F.: *Confession of a Golf-Playing Voice Scientist,* in: *Australian Voice,* Vol. 4, Jahrgang 4, 1998, S. 1–4.

[108] Ebd. S. 2.

ihrem Willen als von ihrem Können gesteuert werden und dass sie diesen Unterschied lernen müssen.

Was funktionales Hören über Callas' Stimme verrät

Was Cornelius Reid als „funktionales Hören" bezeichnet, ist die Entwicklung der Fähigkeit, Gehörtes wahrzunehmen, zu erkennen und einzuordnen. Wir alle können hören und zuhören, aber sogar wenn wir in der Lage sind, unterschiedliche Tonqualitäten wahrzunehmen, verstehen wir nicht sofort, wie sie funktional zu deuten sind. Wenn jemand den Unterschied zwischen den Motorengeräuschen eines Chevrolet von 1936 und eines Ford Thunderbird von 1966 festzustellen vermag, dann kann man auch lernen, unterschiedlichste Stimmklänge zu unterscheiden. Deshalb ist funktionales Hören eine Fertigkeit. Cornelius Reid weist darauf hin, dass *funktionales Hören eine Hörvorstellung ist, bei der der Hörende eher den gesundheitlichen Zustand der Tonqualität und die Koordination der den Ton erzeugenden Muskelabläufe bewertet, als dass er Wert auf die Ästhetik eines Tones legt.*[109]

Übereinstimmend wird berichtet, dass Maria Callas ein sehr feines Gehör besaß und die Gabe hatte, das, was sie von Lehrern und Sängern hörte, sofort zu imitieren und umzusetzen. Dieses Imitationstalent ist vermutlich der Auslöser, der die Entwicklung einer ausgewogenen Registerbalance ihrer Stimme verhinderte. Reid weist darauf hin, dass Imitation eine potenzielle Belastung und Gefährdung für eine Stimme in sich trägt.

> *Eine andere Fehleinschätzung ist, die Stimmmittel eines reifen Sängers zu imitieren, wenn die eigene Stimme zwar wohlklingend aber noch unreif ist.*[110]

Man kann nicht durch Imitation singen lernen, es sei denn, man versucht, die Musikalität und die künstlerische Gestaltung eines anderen nachzuahmen. Der Versuch, die ästhetischen und tonalen Stimmqualitäten eines anderen Sängers zu kopieren, kann dazu führen, dass die dort unerwünschten Tonqualitäten sich in der eigenen Stimme manifestieren.

> *Die Grundlage, auf der der Kunstgesang basiert, ist eine korrekt funktionierende Vokaltechnik, d. h. eine gute geistige Vorstellung und die exakte körper-*

[109] Reid, Cornelius L.: *A dictionary of vocal terminology, an analysis,* New York 1983. S. 133.
[110] Ebd., S. 157.

liche Koordination, die davon abhängig ist, welche Stimuli man dem unwillkürlichen Muskelsystem anbietet, um darauf zu reagieren.[111]

Zweifellos besaß Maria Callas bemerkenswerte Stimmfähigkeiten. Mit einem funktional geschulten Ohr kann man jedoch mit Sicherheit die problematischen Tonqualitäten heraushören, die den Schlüssel zu ihrer Stimmmechanik darstellen. Ihre Gesangstechnik war kompliziert und unvorhersehbar, so wie ihre sprunghafte Gesamtpersönlichkeit. Die Probleme, die bei einer Bühnenaufführung oder einer Plattenaufnahme auftauchten, schienen anfangs nicht bedeutend zu sein, doch traten sie zu einer späteren Zeit umso stärker wieder zum Vorschein. Ironischerweise gefielen gerade einige dieser indisponierten Klänge dem Opernpublikum besonders. In funktionaler Hinsicht zeigte Callas' Stimme eine Vielzahl erheblicher Probleme:

- Eine festgefahrene Registrierung:
  Festgefahrene Registrierung bedeutet, dass die momentane Einstellung der Stimmlippen für mehrere Tonhöhen beibehalten wird, anstatt sie der Tonhöhe entsprechend zu ändern und anzupassen. In den frühen 50er-Jahren wurde dieses Phänomen bei Callas so offensichtlich, dass sie zwischen den Tönen [gis^1] und [cis^1] eine so unstete Stimmfärbung aufwies, die man als „verrauscht" bezeichnen könnte. Ganz allmählich verstärkte sich diese Erscheinung innerhalb der nächsten zehn Jahre zu einem Krächzen. Bis dann 1972 innerhalb dieser Tonsequenz eine Lücke auftauchte, da die Töne unterhalb von [gis^1] und oberhalb von [cis^1] so festgehalten wurden, dass sich der Spannungsgrad der Muskulatur den Tonhöhen nicht mehr entsprechend anpasste. Diese festgehaltenen Töne erklangen mit einer extremen Klarheit und waren künstlich in Position gehalten, um übertriebenes Vibrato verdecken zu können. Was Cornelius Reid über diese unscharfen Tonqualitäten sagt, ist bezeichnend: *Diese verrauschte Tonqualitäten zeigt an, dass die Stimmlippen nicht völlig schließen, und in einigen Fällen kann dies bereits Stimmbandknötchen andeuten.*[112]
- Tremolo:
  Eine Stimmbewegung, allgemein hervorgerufen durch angehaltene Spannung oder Nervosität.[113] Diese Art des Tremolos ist bei einer Aufnahme aus dem Jahre 1955 von *I Pagliacci* besonders deutlich zu hören. Starke Kehlverengung und Muskelstarre erzeugen diesen Zustand.

[111] Ebd.
[112] Ebd., S. 383.
[113] Ebd.

- Wobble (Wackeln):
  Weite, ungleichmäßige Stimmbewegungen, nicht mit dem echten Vibrato zu verwechseln. Dieses Wackeln war in der hohen Lage der Callas permanent geworden, was von schlechter Muskel-Koordination und von muskulären Störungen herrührt. *Dieses Wackeln resultiert aus dem übermäßig forcierten Brustregister, welches zu hoch geführt wird. Trotzdem ist ein Wackeln tonal etwas freier als ein Tremolo.*[114]
- Hörbarer Bruch in der unteren Mittellage:
  Dieser Bruch wurde durch eine schlecht koordinierte Registrierung hervorgerufen, die dazu führte, dass die Callas zu einer schwachen Tongebung neigte, sobald die absteigende Phrase zwischen [fis^1] und [d^1] endete. Hinzu kam, dass die Sängerin vor Beendigung einer Phrase atemlos war, dass sie das Brustregister zu stark forcierte, um die Schwäche ihrer Kopfstimme in dieser Lage zu verbergen.
- Unsauberkeit der Intonation:
  Ein zu hoher Ton tritt dann auf, wenn zu viel Atemdruck für das gewünschte Lautstärkeniveau benutzt wird.[115] Dies ist keine Folge eines Hörfehlers, sondern des Ungleichgewichts der Registerbalance. Grundsätzlich gilt: Wenn das Brustregister in der mittleren Lage völlig aussteigt, sacken die daraus resultierenden Töne ab und werden in der Intonation zu tief, besonders die Töne von [as^1] bis [c^2]. Auch wenn diese Stimmzustände eigentlich nicht wünschenswert sind, sind die zu tiefen Töne in Callas' Fall funktional jedoch gesünder als die zu hohen.
- Nasalität:
  Diese Klangqualität wurde bei Maria Callas in den späteren Jahren immer auffallender. Die Ursache von Nasalität ist eine komplizierte Mischung verengender Elemente in der Kehle.
- Schrille Töne:
  Raue, schrille und scharfe Toneigenschaften, so wie man sie bei der Callas findet, *sind das Resultat eines zu hoch gestellten Kehlkopfs und einer Zungenverkrampfung.*[116]

Der Versuch, nur eine einzige dieser unerwünschten Unausgewogenheiten zu verschleiern, hätte bei Maria Callas unweigerlich andere nach sich gezogen oder die bereits vorhandenen noch verstärkt. Dies ist mit einer erfolglosen

114 Ebd., S. 439f.
115 Ebd., S. 238.
116 Ebd., S. 359.

Heimreparatur vergleichbar, bei der man den sinkenden Wasserdruck im Haus nur durch eine neue Hauptwasserleitung zu erhöhen sucht. Wenn man nach der Reparatur das Wasser wieder anstellt, bestehen bei jeder alten Leitungsverbindung nach wie vor die undichten Stellen, die zu brüchig und zu eng sind, um dem höheren Druck Stand zu halten.

Callas Stimme war kein gänzlich hoffnungsloser Fall. Wäre dies so gewesen, wären wir sehr verwundert über ihre erfolgreiche Karriere. Die meisten zeitgenössischen Musikkritiker sind sich darin einig, dass Maria Callas die Belcanto-Literatur von Bellini, Donizetti und Rossini überragend gesungen hat. Wenn sie deren Musik sang, gab sie ihr Bestes, sowohl technisch als auch musikalisch. Dies ist auch meine Meinung. Ihre Plattenaufnahme von 1949 von *Qui la voce* in *I Puritani* und von *Casta Diva* in der Oper *Norma* von Bellini enthält viele wunderbare Passagen, bei denen die Stimme wie ein bebender Harfenklang anmutet. Dies wäre ohne Registerbalance nicht möglich gewesen. Es klingt, als ob die Stimme in ihr sänge, und nicht umgekehrt. Ihre Pianissimi waren oft von feinster Qualität. Dennoch sind bereits kleine Unregelmäßigkeiten in der Cabaletta-Arie in *I Puritani* zu hören. Diese wurden über Jahre mitgeschleppt und nicht korrigiert. Bei aufsteigenden Phrasen bis zum [a^2] oder zum [b^2] steigerte sie um des exklamatorischen Ausdrucks willen ihre Stimme zu einem Crescendo. Dies wäre absolut nicht notwendig gewesen, da bei dieser Art von Läufen die Stimme wegen der sowieso steigenden Frequenzen schon voller geklungen hätte, so wie auch die Stimmlippenspannung der Frequenz entsprechend ansteigt, ohne mehr Atemdruck zu benötigen. Es ist offensichtlich, dass Bellini, ebenso wie seine Belcanto-Zeitgenossen, dieses Prinzip kannte. Wahrscheinlich brachte diese ständige Überforderung in den oberen Tonlagen den Bruch immer stärker außer Kontrolle, so dass immer dann, wenn Maria Callas eine größere Emotionalität in die Stimme bringen wollte, die Grundlage ihrer Technik komplett ins Wanken geriet.

Um einen dramatischen Effekt zu erzielen, klang in veristischen und dramatischen Rollen der Gesang innerhalb der Oktave über dem Bruch generell zu forciert. Die Sopranrollen der Tosca, Santuzza, Medea und Lady Macbeth haben ständig lange Passagen, die dauernd gefährlich zwischen dem [c^2] und [fis^2] eine Oktave über dem ersten Bruch pendeln. Wenn innerhalb dieser Passagen die Kopfstimme nicht überwiegend aktiv ist und das Brustregister dabei Widerstand leistet, riskiert der Sänger die leichte Erreichbarkeit sowohl der tieferen als auch der höheren Lage, je länger die Phrase dauert und sich wiederholt. Pianissimo-Singen wird besonders schwer, wenn nicht gar unmöglich. Callas' spontane und ungehemmte Emotionalität in dieser Stimmlage führte zu einer blechernen und brillanten Tonqualität, die mit dem Brustregister zusammenhängt. Diese Lautstärke verursachte sehr wahrscheinlich den Spannungsverlust ihrer Stimmbänder zwischen den Tönen [as^1] und [c^2]. Wie schon zuvor erwähnt, klangen ihre Töne in dieser Lage diffus und rau. Ihr ungeheures Lautstärkeniveau im Bereich des zweiten Bruches und darüber hinaus machte jede Hoffnung auf Milderung des Problems zunichte. Hieraus folgte unweigerlich die Schwächung ihrer Mittellage. Ihre einzige Möglichkeit bestand darin, das Brustregister um den Bruch herum zu forcieren, da das Brustregister nicht mehr in der richtigen Balance auftauchen konnte. Wenn das Brustregister in der unteren Lage, in die es gehört, nicht aktiv ist, kann man sicher sein, dass es sich in der falschen Lage zu stark einmischt.

Die Analyse eines Filmmitschnitts eines Konzerts aus dem Jahr 1958 an der Pariser Oper ist sehr informativ: Maria Callas senkte ihren Kopf fast auf die Brust, um höhere Phrasen singen zu können. Vielleicht war diese Geste eine intuitive, die es ihr erlaubte, die auftauchenden Unausgewogenheiten in ihrer Stimme zu verdecken. Den Kopf während der Phonation abzusenken, bewirkt eine Stimmritzen-Schließung und hilft dem Sänger, mehr Bruststimme in die unteren Lagen zu bringen und so klarere Töne zu erzeugen. Jede neue aufwärts steigende Phrase wird dadurch für den Sänger anstrengender. In diesem Videofilm sind in der Arie *Miserere* aus *Il Trovatore* von Verdi sowohl zu hohe als auch zu tiefe Töne zu hören, was auf schlechte Registerbalance um den Bruchbereich zurückzuführen ist. In diesem Konzert setzte Callas zahlreiche unbehagliche und unbeholfen aussehende Körperhaltungen ein. Sie kreuzte den rechten Arm bis zur linken Schulter oder zum Schlüsselbein, zog die Schultern nach vorne und den Brustkorb nach innen. Bei der Ausführung ihrer Passagen schaukelte sie ihren Körper, schwenkte ihren Kopf steif von Seite zu Seite, um die Bereiche zu kompensieren, in denen die Registrierung und ihre emotionalen Ausdrucksabsichten nicht ausgewogen waren, was typischerweise die Ausatmung verhindert. Leichtes Kopfschütteln war am Ende von dramatischen Phrasen häufig zu beobachten. Allein ihre Körpersprache zeigt, dass dieses Konzert Maria Callas erhebliche körperliche Anstrengungen abverlangte.

Callas' Rückkehr auf die Konzertbühne mit Giuseppe di Stefano im Jahr 1974 war eine künstlerische Katastrophe. Alles was zuvor schon an stimmlichen Schwächen in ihrer Technik hörbar war, kehrte mit doppelter Kraft zurück. Sie konnte kaum noch die Unausgewogenheit ihre Registerbalance verbergen, und es war zu beobachten, dass keinerlei Pianissimo, sondern nur noch Fortissimo-Phrasen möglich waren. Ich erinnere mich an eines ihrer Tour-Konzerte in der Massey-Hall in Toronto, das ich besuchte. Mein junger Kollege und ich litten mit der Diva und ihrer stimmlichen Blamage und fanden es entsetzlich, als das Publikum aufstand, mit den Füßen trampelte und immer wieder für ein Konzert Bravo brüllte, welches das demütigendste ihres Lebens war. Auf einer Videodokumentation – *Das Leben der Maria Callas* – aus dem Jahr 1987 von Tony Palmer ist die Verschlechterung von Callas' Stimme während ihrer Comeback-Tour festgehalten. Vor Tourbeginn gab sie ein Fernsehinterview und verkündete, dass sie das *Wackeln in der Zwischenzeit verbessert* habe. In dieser Zeit war sogar ihre Sprechstimme immer männlicher geworden. Eine ihrer Star-Arien bei der 1974er-Tour war *Oh mio bambino caro* aus der Oper *Gianni Schicchi* von Puccini. Gerade bei dieser Arie kann man auf dem Video hören, was passiert, wenn die Stimme so unausgewogen eingesetzt wird. Callas versuchte, das Wackeln durch mehr Brustregisteranteil in der mittleren Lage zu stabilisieren. Das Klangresultat war der Stil des Beltings wie auf dem Broadway. Für das Publikum war dies nervend, und Callas selbst muss es schier umgebracht haben, dass diese Schmach auch noch filmisch für die zukünftigen Hörer festgehalten wurde.

Die EMI-Plattenaufnahme der Juilliard-Meisterklasse von 1972, die von Callas geleitet wurde, ist von besonderem Interesse, da man hier zwischen zwei Aufnahmen der Arie *Non mi dir* aus *Don Giovanni* Vergleiche anstellen kann. Die erste Aufnahme wurde 1953 im Theater Florenz aufgenommen und die zweite 1963 mit dem Orchester des Conservatoire, Paris. Obwohl die italienische Aussprache in der Pariser Aufnahme in Ordnung war, war sie dennoch weniger gut ausgeführt als in der früheren aus Florenz. Eigentlich bedingen die beiden Arienaufnahmen die gleichen Anforderungen und das gleiche Muskelgedächtnis. Hört man jedoch die Aufnahme von 1953 an, ist das geschulte Ohr beinahe überzeugt davon, dass der Gesang und die musikalische Ausdrucksweise gut sind. Wenn man die Aufnahmen allerdings auf funktionale Weise anhört, kann man anhand der verschiedenen Vokal- und Tonqualitäten bereits Probleme in der Stimme feststellen. In den ersten 15 Takten der Arie ist zu beobachten, dass sich die Vokalfarbe mit jeder absteigenden Phrase zu dem mittleren [g^1] oder [a^1] verändert. Deshalb klingt die zweite Silbe „mio“ wie ein „mi-uh“, „con te“ klingt wie „con tuh“. Der italienische „a“-Vokal klingt sehr abgedunkelt, ebenso das „e“. Die ganze Arie hindurch klingt die obere Lage schneidend klar und ist von einer harten Qualität, was sowohl auf eine fixierte Registrierung schließen lässt als auch auf eine hochgestellte Kehlkopfposition und eine Überbetonung des Brustregisters, ausgelöst durch Callas' leidenschaftlichen Ausdruckswillen. Ebenso ist auf der ersten Platte der Bruch zwischen [gis^1] und [cis^2] zu hören, so wie er im Abschnitt *festgefahrene Registrierung* bereits beschrieben wurde. Dieses Problem deutete sich schon 1953 an. 1961 allerdings ist dieser Bereich bereits ganz rau, und 1972 können die Töne in dieser Lage durchweg als „Säuferstimme“ bezeichnet werden. Callas bestand darauf, dass sie die

Arie, so wie jede italienische Oper, im richtigen italienischen Belcanto-Stil singe. Das Ergebnis aber ist so anfechtbar, dass man nicht genau wissen kann, was sie mit dieser Aussage eigentlich gemeint hat.

In der Juilliard Class erhalten wir ein genaues Bild darüber, wie Callas die beiden Interpretationen der Arie *Non mi dir* technisch erklärt und interpretiert. Sie versuchte dort, die Schüler ihre *Entdeckungen* zu lehren. Das natürliche Stimmvermögen und die stimmliche Gesundheit der 20 Jahre jüngeren Kursteilnehmerin sind der Callas weit überlegen. Zu Beginn der Stunde zeigte eine Kursteilnehmerin, obwohl musikalisch ein wenig unreif, gesunde Reflexe, intelligente Ansätze und komplette Phrasen ohne Anstrengungen. Nach Kritik der Callas, der die Phrase *Ma il mondo, oh Dio* zu dunkel erschien, sang sie selbst die Phrase vor und veranlasste die Schülerin, das nachzuahmen, was sie tat, nämlich heller zu singen. In Wahrheit benutzte die Schülerin mehr Kopfstimme als Callas selbst, obwohl diese die Phrase als zu dunkel einstufte. Nach meiner Beurteilung handelte es sich eher um ein warmes Timbre als um ein dunkles. Der Versuch der Schülerin, nach Aufforderung durch Maria Callas ein echtes „u" bei dem Wort *tu* zu singen, misslang, zumal Callas jetzt eine klare Tongebung forderte, die natürlich zu noch mehr Brustregisteraktivität führt; ein „u"-Vokal dagegen ist ein Falsettregister-betonter Vokal (mehr Kopfstimme). Wäre die Schülerin gebeten worden, mit größerem Piano zu singen, wäre der Vokal „u" ganz von selbst entstanden! Am Schluss der Unterrichtsstunde konnte die Schülerin die Phrasen nicht mehr zu Ende singen und musste abbrechen. Da Callas die Schülerin ermutigte, einen klareren Ton zu singen, und darauf beharrte, mehr Atemdruck zu gebrauchen, wurde die Phrase *Non mi dir* in der oberen Lage so scharf wie auf der Aufnahme der Callas von 1963!

Lange wurde darüber debattiert, ob die Callas überhaupt die stimmlichen Fähigkeiten besessen hätte, um Mozartpartien zu singen. Bei der Mozart'schen Vokalkomposition muss der Sänger der musikalischen Linie folgen und kann seine stimmlichen Probleme nicht hinter starken Gefühlsausbrüchen verdecken. Da die Callas sehr emotional war, stand der klassische Stil ihrem Temperament entgegen. Hätte man bei ihrer früheren Gesangsausbildung mehr Wert auf die barocke und klassische Literatur gelegt, hätte die Callas vielleicht mehr Einsicht und Verständnis für die stimmtechnischen Feinheiten gehabt, die für diesen Stil notwendig sind.

Die Meisterklasse-Aufnahmen zeigen, wie Callas unterrichtete. Sie lehrte nach ihren eigenen Fehlern! Ihre Aussagen machen deutlich, was sie unter Technik verstand. Auf diesen Aufnahmen ist zu erkennen, dass die jungen Sänger die emotionale Absicht, spezielle Nuancen und anderes der Callas nachahmten. Kunst kann das Leben nachahmen, wirkliche Künstler jedoch ahmen niemanden nach. Zwar sind Callas' Anweisungen zu Ansatz, Appogiaturen, Accacciaturen und andere Belcanto-Verzierungen einleuchtend, doch ihre Anweisungen und Ratschläge zur Gesangstechnik offenbaren viele Missverständnisse. Ein Beispiel dafür ist die Mitschrift von John Ardoin von der EMI-Aufnahme von 1972 der Juilliard Class:

- *Tun Sie es mit Klang, greifen Sie an und stützen Sie; hämmern Sie die Note, so wie ein Pianist, bis sie in der Kehle sitzt.*[117]
- *Ihre Töne klingen zu hohl in dieser Phrase; Sie sollten sie klarer singen.*[118]
- *Wenn heutzutage ein Sopran keine Höhe hat, ist er ein Mezzo. Sie müssen Triller, Accacciaturen und Legato ausführen können, sonst können Sie sich nicht als Sänger bezeichnen.*[119]
- *Normalerweise hört ein Musiker mit nur einem Ohr auf die Tonhöhe. Finden Sie heraus, welches dies ist, und lernen Sie, es zu nutzen, um Ihre Fehler zu hören, und korrigieren Sie sie, um die Tonqualität und Ihre Farbgebung zu kontrollieren.*[120]
- *Nehmen Sie einen tiefen Atemzug, lassen Sie die verbrauchte Luft heraus und füllen Sie frische auf, so dass Sie auf die nächste lange Phrase vorbereitet sind. Ich meine, dass niemand hoch in die Brust atmen sollte, dies kann Sie ersticken.*[121]
- *Sie werden immer tiefe Töne haben, wenn Sie den Text betonen.*[122]
- *Wenn Sie merken, dass Sie am Ende der Phrase keine Luft mehr haben, geben Sie mehr Vibrato auf den Ton, damit das Publikum nicht merkt, dass Sie atemlos sind.*[123]
- *Beenden Sie die Phrase mit der Macht des Zwerchfells. Das Geheimnis ist, immer ein wenig Restluft für die letzte Note zu haben.*[124]
- *Falls Ihre Kollegin oder Ihr Kollege von Natur aus eine große Stimme hat, müssen Sie sicherstellen, dass Ihr Ton sauber und scharf ist, so dass er durchdringt und nicht untergeht.*[125]

[117] Ardoin, John: *Callas at Juilliard – The Master-Classes*, New York 1987, S. 23.
[118] EMI, *Callas at Juilliard – The Master-Classes*. Disk 1, Track 2.
[119] Ardoin, John: *Callas at Juilliard – The Master-Classes*, New York 1987, S. 89.
[120] Ebd., S. 83.
[121] Ebd., S. 94.
[122] Ebd., S. 187.
[123] Ebd., S. 195.
[124] Ebd., S. 295.
[125] Ebd., S. 138.

- *Schleifen und Schmieren ruinieren den Rhythmus, beeinflussen Ihr Zwerchfell und Ihre Atmung und nach einer kurzen Weile wird Ihre Technik darunter leiden.*[126]
- *Ich habe oft Sänger gehört, die vor einer Arie ihre Stimme räuspern. Bitte tun Sie das nicht, es verkratzt nur ihre Stimmfalten. Das Räuspern bringt nichts* [...] *es ist wie ein Raspeln auf den Stimmbändern.*[127]

Man könnte eine lange Abhandlung über diese verwirrenden Anweisungen schreiben. Wie gut gemeint diese Ratschläge der Callas auch immer waren, sie sind widersprüchlich! Sie sind ohne jeden pädagogischen und wissenschaftlichen Wert und absolut unpassend. Entweder hat Callas die Ratschläge aufgrund ihrer eigenen Vorstellungen erteilt, oder sie wurde früher selbst so unterrichtet.

Da Maria Callas bei vielen immer noch als die größte Sopranistin gilt, nehmen zahlreiche Gesangs- und Sprecherziehungslehrer ihre geheimnisvollen Gesangskonzepte ernst und versuchen, diese in die Praxis umzusetzen. In den Meisterklassen lehrte die Callas die Schüler, wie sie selbst zum Erfolg kam, aber kaum etwas davon konnten die Schüler auf ihre Stimme anwenden.

Hätte man Maria Callas' Stimme retten können?

Nach 1960 akzeptierte Maria Callas nur wenige Engagements und nach 1965 trat sie kaum noch auf. 1965 zog sie sich plötzlich aus der Öffentlichkeit zurück, um an ihrer Stimme zu arbeiten. So hätte sie eigentlich genügend Zeit gehabt, ihre schlechte muskuläre Koordination mit besseren Stimuli zu optimieren. Aus dieser nur für eine begrenzte Zeitspanne geplanten Pause wurde jedoch eine dauerhafte. Nichts weist darauf hin, dass sie sich in dieser Zeit einen Lehrer zu Hilfe holen wollte, vielmehr glaubte sie, sich selbst helfen zu können. Es ist rätselhaft, warum sie keinen Lehrer aufsuchte, der sich mit dem Stimmmechanismus auskannte. Auch nach 1965 wäre es nach wie vor sinnvoll gewesen, ihre Stimme zu reparieren, da sie noch über genügend Stimmsubstanz verfügte. Wie gut hätte man Callas helfen können, wenn sie mit Cornelius Reid oder einem anderen Lehrer, der sich mit der Funktionalität der Stimme befasste, gearbeitet hätte?

[126] Ebd., S. 101.
[127] Ebd., S. 121.

Wenn Callas Veranlagung und ihr Ego jemals eine solche Beeinflussung erlaubt und sie viele funktionale Übungen absolviert hätte, dann wäre die Wiederherstellung der Reflexe ihrer laryngealen Muskulatur möglich gewesen, um freier reagieren zu können. Klar ist, dass die Ursache ihrer schlechten Technik sowohl im zu stark forcierten Brustregister als auch in der unausgewogenen Registerbalance im dramatischen Gesang mit zu großer Lautstärke zu suchen ist. Nachfolgend sind einige Übungen aufgelistet, die ihrer Kopfstimme mehr Möglichkeiten eingeräumt hätten.

- Die Einführung eines Falsetts auf einem hauchigen und eulenhaften „u"-Vokal, beginnend vom [a] unterhalb des mittleren [c^1] bis zu [d^2]. Diese Übung hätte besonders auch bei der Callas die übermäßige Brustregisterspannung in der mittleren Lage verhindern können. Da sich in dieser Tonlage beide Register überlappen, ist es sinnvoll, diese Frequenzbereiche mit kopfigerer Stimme anzugehen.

Abbildung 8: Übung zur Einführung eines Falsetts gegen übermäßige Brustregisterspannung

- Legato:
  Gebrochene Akkorde, auf- und absteigend auf dem „u"-Vokal, leise beginnend beim [tiefen h] – H-Dur bis zur oberen Lage immer mit moderatem Crescendo. Diese Übung kräftigt die Balance in der Mittellage zugunsten von mehr Kopfstimme, die dadurch in die höheren Lagen mitgenommen werden kann.

Abbildung 9: Übung für koordinierte Mittellage zugunsten von mehr Kopfstimme

- Oktavsprung-Übungen in der Mittellage, leise begonnen auf der Tonika mit dem „a"-Vokal und auf der Oktave mit einem volleren „u"-Vokal und anschließend in Arpeggien wieder abwärts. Die geringere Lautstärke auf der Tonika und die vollere auf dem Oktavton vermindert den forcierten Gebrauch des Brustregisters und zwingt die Kopfstimme dazu, stärker in Aktion zu treten.

Abbildung 10: Übung zur Verminderung forcierten Brustregisters in der Mittellage

- Eine Variante der Oktavsprung-Übung, die die Register zu einer besseren Spannungsbalance führt, ist mit einem kräftigen und stabilen „a"-Vokal auf der unteren Oktave zu beginnen und unverändert mit dem „a"-Vokal ohne Bruch sofort im Pianissimo und dolce auf der oberen Oktave zu landen, um anschließend wieder mit Arpeggio abwärts die Phrase zu beenden. Diese Übung verringert die Aktivität des zu starken Brustregisteranteils in der oberen Lage zugunsten der tieferen Frequenzen.

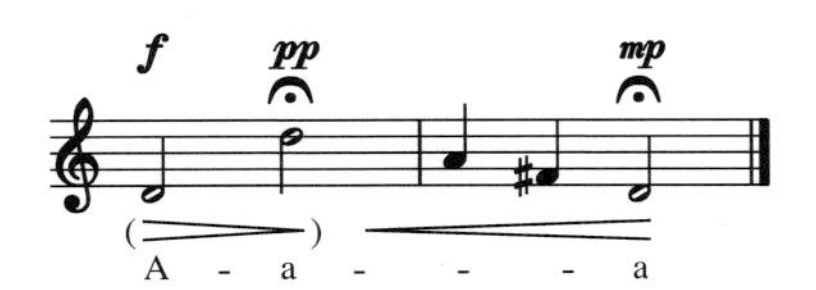

Abbildung 11: Variante der Übung 10 zur Verminderung des zu starken Brustregisteranteils in der oberen Lage zu Gunsten der tieferen Frequenzen

- Leise auf- und abwärts gesungene Arpeggi auf dem Vokal „a" über den gesamten Tonumfang.

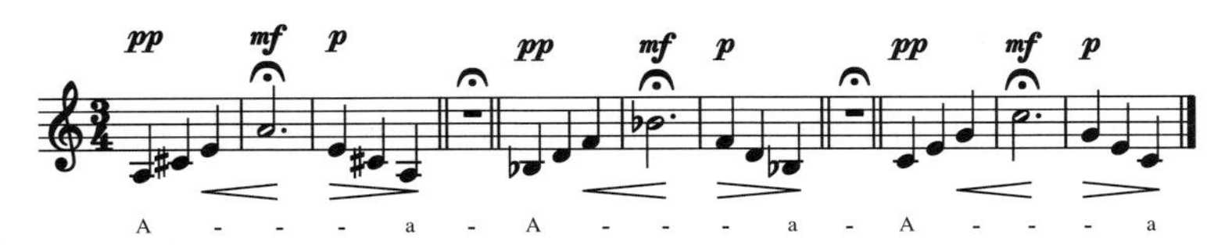

Abbildung 12: Übung für ausgewogenere Registerbalance

- Volle Arpeggi mit etwas nach hinten gebeugtem Kopf (wie ein Schwertschlucker) verhindern ebenfalls übermäßige Brustregisteraktivität und führen den Sänger zu mehr kopfig dominierten Tonqualitäten.
- Rhythmische Reaktionsübungen sind wichtig, um den Sänger von angewöhnten Muskelabläufen und einer festgefahrenen Registrierung zu befreien. Diese Freiheit kann noch stärker gefördert werden, wenn der Sänger aufgefordert wird, die Tonhöhenveränderungen zu „hören".
- Einzeln ausgehaltene Töne im Brustregister auf dem „a"-Vokal in der Tonlage zwischen dem [es^1] und dem [g oder f] unterhalb des mittleren [c^1] sollten so lange geübt werden, bis die volle Lautstärke erreicht werden kann, ohne dass der Sänger dabei die Vokalfarbe ändert! Diese Übung kräftigt nicht nur das Brustregister in seiner von der Natur vorgesehenen Tonlage, sondern führt letztendlich zu einer offeneren Kehleinstellung.

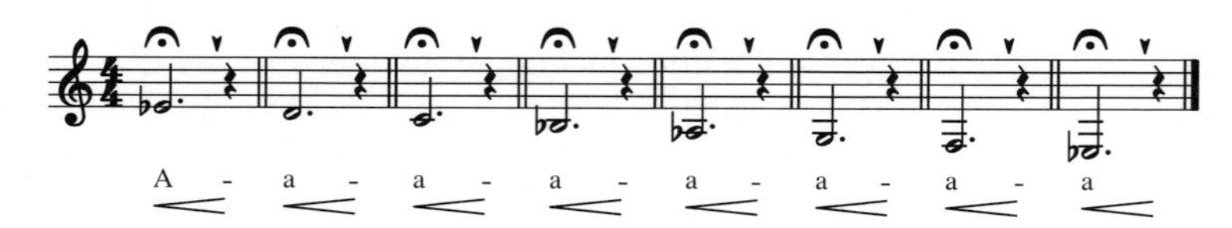

Abbildung 13: Übung zur Kräftigung des reinen Brustregisters

Es ist wichtig, dass das Brustregister bei jeder Legato-Phrase und bei allen ausgehaltenen Noten beteiligt ist. Das Ziel dabei ist, dass das Brustregister zwar mitwirkt, aber nicht vorherrschend aktiv ist, damit die Eigenschaften der Kopfstimme stärker zutage treten. Die Unausgeglichenheit bei Callas in der Mittelage zwischen [gis^1] und [cis^2] war ein Zeichen dafür, dass die Register zum Auseinanderklaffen tendierten, weil die Spannung auf den unteren Tönen zu groß und damit die Brustregisteraktivität zu stark war.

Möglicherweise hätte Callas gut auf Legato-Übungen (Dur-Dreiklänge auf- und absteigend) reagiert, die im Pianissimo auf der Oktave unterhalb der symptomatischen Lage starten und nur mit so viel Crescendo ausgeführt werden dürfen, um die Höhe und den Vokal aufrechtzuerhalten. Diese Übung hätte die Stimmfalten in der mittleren Lage verlängert und gleichmäßig angenähert, eventuell sogar die Unausgewogenheit zwischen [gis^1] und [cis^2] beseitigt und eine Registerbalance in dieser Tonlage ermöglicht. Leises oder sanftes Singen vermittelt dem Sänger und dem Zuhörer ein Gefühl der Ruhe. Schon im 5. Jahrhundert vor Christus beschäftigte sich die griechische Ethoslehre mit der Wirkung der Tonarten und Lautstärken auf die menschliche Empfindung und Entwicklung. Für Aristoteles und Platon waren sie das Ideal musikalischer Erziehung und menschlicher Charakterbildung.[128]

Mit Maria Callas oder einer anderen Sängerin von solch großer Musikalität mit ähnlichen Stimmmängeln zu arbeiten, wäre eine faszinierende Herausforderung. So wie sich die Bedürfnisse und die Erfordernisse einer Stimme täglich ändern, ist es die Aufgabe eines Lehrers im jeweiligen Augenblick Anleitung zu geben und nicht nur auf Vermutungen beruhende Erklärungsversuche zu erteilen. Bedauerlicherweise hat Maria Callas weder Cornelius Reid noch einen anderen Lehrer wie ihn kennen lernen dürfen. Der Augenblick ist vorbei, und alles andere ist nur Spekulation.

Temperament, die Quelle von Callas' Leidenschaft

Das Rezept für eine Primadonna: Mixe ein großes Ego, einen schnellen Verstand und heißes Temperament zusammen. Vermische es langsam mit Musik und Gesangsstunden, mit großer Vorstellungskraft und einem Faible für leidenschaftliches emotionales Drama. Verrühre es mit einer Prise Paranoia (Verfolgungswahn), einem Schuss Puccini, einem [hohen es^3] und einer sehr kraftvollen Stimme. Schütte diese impulsive Mixtur in einen kochenden Operntopf, der mit Persönlichkeiten überschäumt, und lass sie sieden, bis sie kocht. Schmore sie ein paar Tage in Proben und einigen Presse-Skandalen. Platziere sie auf der Bühne vor einem kulturhungrigen Publikum. Ein wahrhaft irres Vergnügen. Serviere es dann dem Parkett- und dem Logenpublikum.

So amüsant diese Rezeptur auch ist, sie gibt dennoch einen Einblick in Maria Callas' berühmtes Temperament und die aufwühlende Atmosphäre des Theaters, bei dem sie engagiert war, um dort ihre Kunst darzubieten. In seinem Buch *The Free Voice* schreibt Cornelius Reid:

> *Kein Sänger ist interessant ohne Temperament. Es ist die dynamische Kraft, mit deren Hilfe der Sänger Kontakt sowohl mit seiner Stimme als auch mit dem Publikum und sich selbst herstellt. Ohne Temperament (Leidenschaft) kann es weder Aufführungen noch Künstler geben.*[129]

In ihrer Darstellung der dramatischen Rollen tragischer Heldinnen war die Callas eine bravouröse Künstlerin. Im Zuge ihrer Interpretation führte sie ihr

[128] Vgl. Grout, Donald A.: *A History of Western Music*, New York 1980, S. 7–10.
[129] Reid, Cornelius: *The Free Voice: A Guide to Natural Singing*, New York 1971, S. 121.

Mut aber auf die falsche Seite ihrer Psyche. Beinahe schien es so, als ginge sie komplett in der Rolle auf, anstatt dass die Rolle durch sie verkörpert wurde. Dies ist ein gefährlicher Irrtum von Sängern und Schauspielern. Erstens ist es ermüdend und zweitens führt es vom aktuellen Geschehen weg, weil das Publikum gezwungen wird, das Augenmerk mehr auf den Einzelcharakter als auf die Beziehung der Charaktere untereinander zu legen. In Callas' Fall schien ihre dramatische Gestaltung eher Ausdruck ihres familiären Lebens und ihres täglichen Gemütszustandes zu sein, als auf wirklich schauspielerischem Können zu beruhen. Sie berichtete selbst, sie habe in ihrer Kindheit oft ihr natürliches Schauspieltalent, ihre Mimik und ihre Körpersprache eingesetzt, um Familienmitglieder zu beeinflussen, ihr ihre Wünsche zu erfüllen.[130]

Das Dilemma, in dem sich alle Künstler befinden, kulminiert in folgenden Fragen: Bedeutet Künstlersein, dass der Künstler Gefühle für die Menschen ausdrückt, die es selbst nicht können? Wenn dies so ist, heißt dies, dass die Künstler ihre eigenen Emotionen öffentlich zur Schau stellen? Oder ist Kunst eine Fähigkeit, die es dem Künstler erlaubt, die Illusion einer wirklichen Emotion darzustellen? In der Kunst sollte der Intellekt eingesetzt werden, um eine Illusion der Realität abzubilden, durch die die Hörer und Betrachter zu eigener Interpretation angeregt werden. Callas' Annäherung an ihr Repertoire dagegen war meistens unbewusst und fußte auf ihren wesentlichen menschlichen und emotionalen Erfahrungen, ihrer Realität und dem Drama ihres Lebens, das sie in der Kunst zum Ausdruck brachte. Ich glaube, dass dies eine kindliche Form brillanter Manipulation war. Mit Ausnahme von einigen konkurrenzlosen Einspielungen hämmert ihre Interpretation dramatischer Rollen so sehr mit der Bruststimme auf die Zuhörer ein, dass diese gar keine andere Wahl haben, als die Rolle allein auf Callas' Art und Weise zu hören. Gesang und Musik waren für Maria Callas wahrscheinlich eine Therapie – eine sehr öffentliche Therapie und eine für ihre Psyche bzw. für ein erfülltes Leben außerhalb der Bühne nicht gerade sehr erfolgreiche.

Große Schauspiellehrer und Regisseure versuchen häufig, die realen Emotionen der Schauspieler zurückzuhalten. Beispielsweise schreibt der Pulitzer-Preisträger, Regisseur, Drehbuchautor und Schauspiellehrer David Mamet in seinem Buch *True and False:*

> *Es gibt nichts Uninteressanteres auf der Welt als Schauspieler, die auf der Bühne in ihre eigenen Emotionen verwickelt sind.* [...] *die Aufgabe ist,* [...] *den Mund zu öffnen, aufrecht zu stehen, die Worte mutig zu sprechen, ohne*

[130] Vgl. Ardoin, John: *Callas at Julliard – The Master-Classes*, New York 1987, S. 4.

etwas hinzuzufügen oder wegzunehmen und ohne jemanden manipulieren zu wollen.[131]

Der Opernsänger muss sich mit der gleichen Integrität zur Musik und zum Text verhalten. Die Melodie spiegelt die Emotionen von der Freude bis zur Verzweiflung wider, und ein Sänger wird zum Instrument, wenn er zulässt, dass die Musik aus sich selbst heraus wirkt. So schreibt Joan Sutherland über ihre Erfahrung mit der Titelrolle in Donizettis *Lucia di Lammermoor:*

Es ist eine wirkliche Herausforderung, eine solche Rolle zu spielen, aber die Musik ist so gut geschrieben, dass man bei korrekter Ausführung gar nicht anders kann, als zu zeigen, was Lucia fühlt.[132]

Die Kunst der Callas, so könnte man sagen, ähnelt der Arbeit heutiger Filmregisseure, die wissen, wie eine Kamera in einer bestimmten Position ausgerichtet sein muss und wie der Schauspieler die Szene ausführen soll, damit die vom Regisseur beabsichtigten Emotionen beim Publikum auch erzeugt werden. Diese Art der Manipulation ist zwar für eine kurze Zeit in Ordnung, auf Dauer aber wirkt sie unangenehm, weil die emotionale Reaktion des Zuschauers erzwungen ist und keinerlei Freiraum für eigene Interpretation mehr zulässt. Das kritische und reife Publikum wünscht und erwartet, bei der Interpretation und anderen kreativen Prozessen mit eingebunden zu werden.

Aufgrund ihrer schwierigen Kindheit und der komplizierten Beziehung zu ihrer Mutter hatte Maria Callas neben dem Interesse am dramatischen Ausdruck vermutlich auch ein übersteigertes Bedürfnis, anderen zu gefallen. Sie begann zu singen, um ihrer Mutter zu gefallen. Mit zunehmendem Erfolg übertrug sie den Wunsch zu gefallen später auf den Lehrer, den Korrepetitor, den Regisseur, den Dirigenten und letztendlich auf das zahlende Publikum. In heutiger psychologischer Terminologie könnte man sagen, dass die Beziehung der Callas zu ihrem Publikum und ihren Fans co-abhängig war. Mit ihrem selbstzerstörerischen Temperament erledigte sie die emotionale Arbeit ihrer Zuhörer. Diese wurden nicht dazu ermuntert, eigene authentische Gefühle zuzulassen, die die Musik oder das Libretto bei ihnen hervorrief. Callas war sich dessen bewusst, dass sie mit dieser emotionalen Überfülle den Schlüssel für die Bewunderung und Aufmerksamkeit für ihre Person in der Hand hielt. Zugleich war dies ihr Weg, den Aufruhr ihres inneren

[131] Mamet, David: *True and False.* New York 1997, S. 24.
[132] Hamilton, David: *Metropolitan Opera Encyclopedia,* New York 1987, S. 201.

Schmerzes öffentlich zur Schau zu tragen. Als ihre Stimme anfälliger wurde und sogar als sie sich bereits in einem sehr schlechten Zustand befand, schienen sich viele Menschen an Callas' Schmerzen und stimmlichen Unbehagen zu weiden und so stellvertretend zu leben. Dieses Phänomen war auch bei Judy Garland, Marilyn Monroe oder Elvis Presley und ihren jeweiligen Fans zu beobachten. Wie so viele tote Idole des Showbusiness war und ist Maria Callas noch auf mancherlei Weise eher ein willkommenes Opfer als eine Siegerin.

Bei der Lektüre biografischen Materials über Maria Callas fiel mir auf, dass sie eher eine introvertierte als eine extrovertierte Persönlichkeit war, ganz im Gegensatz zu ihrem Bild in der Öffentlichkeit. Introvertierte Menschen mit kreativer Vorstellungskraft sind nicht selten; der verstorbene Pianist Glenn Gould war einer von ihnen. Die meisten von uns sind eine Kombination von beidem, introvertiert und extrovertiert. Introvertierte Menschen fühlen sich oft sozial isoliert wie Außenseiter, die sich im normalen Alltagsleben nicht anpassen können. Ohne den Vorteil eines in sich ruhenden Selbstbewusstseins verspürt der introvertierte Mensch große Ängste, weil er sich zu extrovertierter Aktivität wie Bühnenauftritten gezwungen fühlt und seine innerste private schöpferische Welt nach außen kehren und dem Publikum zeigen muss. Dazu kommen noch andere Bürden wie fordernde Eltern oder Ehepartner, familiäre Verantwortlichkeiten, finanzielle Ängste und viele weitere unausweichliche Lebensanforderungen, die den introvertierten Menschen überfordern.

Extrovertierte Darsteller dagegen blühen vor ihrem Publikum geradezu auf. Sie fühlen sich wohl in Gesellschaft anderer, sie verkraften den Stress und das Baden im Publikum. Die meisten Extrovertierten können mit einem gesunden Selbstbewusstsein auf Kritik und konkurrierende Kollegen reagieren und die Vielschichtigkeit von Selbstzweifeln durch positive Aktivität überwinden. Andererseits kann eine Kombination von Introvertiertheit, fehlendem Vertrauen, schlechter Elternführung und Verklemmtheit für einen verletzlichen Sänger tödlich sein. Sobald ein introvertierter Sänger aber aus sich herausgeht und seine Hemmungen aufgibt, besitzt er eine einzigartige künstlerische Ausdruckskraft, die seinen extrovertierten Kollegen fehlt.

Aus psychologischer Sicht also gibt es kaum Hoffnung, die Frage, ob Maria Callas' Stimme hätte gerettet werden können, positiv zu beantworten, da in ihrem Falle alle Zutaten für ein Desaster vorhanden waren. Hätte zur besseren Zügelung von Maria Callas' Temperament ein rechtzeitiges positives Eingreifen durch einen Erwachsenen mit stetiger emotionaler Unterstützung und Führung in ihren Jugendjahren stattgefunden, hätte man die Gefahr abwenden können. Wenn man ihr Stimmanweisungen gegeben hätte, durch die sich ihre Stimme auf natürliche Weise altersgemäß hätte entwickeln können, hätte ihr Gesang die Garantie für eine befriedigende Karriere und ein zufriedenes Leben sein können. Eine Psychotherapie hätte möglicherweise ihre emotionalen Belastungen, die ihre Leistung behinderten, erleichtern und lösen können. Aber ihre Lebenserfahrungen haben sie anscheinend für den stimmlichen Ruin vorherbestimmt. Ihre Psyche, ihre Stimme und ihr Körper schienen Kontrahenten zu sein. Sie war niemals in Harmonie mit sich selbst, und ihr Ego und der Druck von außen konnten nie in synergetische Balance gebracht werden. Sobald ihre Stimme nicht zufriedenstellend reagierte, litt ihr Ich; sobald ihre Emotionen nicht im Lot waren, war es die Stimme auch nicht. Wäre ihre Stimme mit Hilfe der funktionalen Stimmbildung repariert und ausbalanciert worden, hätte die Möglichkeit bestanden, sowohl persönliche Probleme und Beeinträchtigungen zu lösen, als auch die negativen und zerstörerischen Auswirkung ihres emotionalen Lebens auf ihre Stimme zu verhindern. Tatsächlich führte Callas ein schmerzvolles und unerfülltes persönliches Leben. Es scheint, als ob sie nicht in der Lage war, eine Perspektive auf ihr Leben zu entwickeln, die ihr geholfen hätte, die psychologischen Aspekte ihres Singens zu verändern und damit ihr Schicksal umzukehren.

Über die schwierige psychologische Balance beim Singen schreibt Cornelius Reid:

> *Allgemein kann man Sänger psychologisch grob in zwei Kategorien einteilen – in eine dritte, wenn man Sänger mit einbezieht, die zwanghaft dazu neigen, ihre stimmlichen Qualitäten zu zerstören* [...]. *Erstens gibt es Menschen, die ihre Wut durch muskuläre Anspannung unterdrücken, und zweitens Menschen, die in unterschiedlichen Abstufungen einschränkende Anspannung durchbrechen und ihre Feindseligkeit und ihre Aggressionen durch positive Aktionen lösen können. Die zuletzt genannten Menschen sind leichter zu unterrichten. Diejenigen, die ihre Wut nach außen richten, lassen ihren Gefühlen freien Lauf. Sie sind weniger gehemmt und können deshalb wirkungsvoll agieren. Die Mehrzahl erfolgreicher Sänger scheint zu dieser zweiten Kategorie zu gehören und zeigt einen Gesangsstil, der zwar begrenzt und ziemlich eindimensional auf eine emotionale Ebene beschränkt ist, aber dennoch eine dynamische Qualität besitzt, die durch eine gewisse Vitalität den Funken überspringen lässt.*[133]

Maria Callas gehörte zu Reids dritter Kategorie.

133 Reid, Cornelius L.: *A dictionary of vocal terminology, an analysis,* New York 1983, S. 54.

Körperliche Gesundheit

Die Überprüfung von Maria Callas' Stimme und die Betrachtung ihres Lebens wären unvollständig, wenn man keinen Blick auf ihren körperlichen Zustand werfen würde. Die beste Stimmtechnik der Welt kann ohne die Vitalität eines gesunden Körpers nicht aufrechterhalten werden. Deshalb stellt sich die Frage, ob Maria Callas gesundheitliche Probleme hatte, die die Reaktion ihrer Stimme negativ beeinflussten.

Die in biografischen Publikationen am weitesten verbreitete Vermutung lautet, Maria Callas' Schlankheitskur in den Jahren 1953/54 und ihr konsequentes Abnehmen hätten den Beginn ihres stimmlichen Ruins eingeleitet. Wenn das wahr wäre, müssten alle korpulenten Sänger, die eine Schlankheitskur machen, ihre Stimme ruinieren. Aber bereits 1947 beobachtete Mario Labroca, der stellvertretende Intendant der Scala, dass Callas stimmliche Unausgewogenheiten zeigte.[134] Diese Beobachtung wurde damit bereits sechs Jahre vor der erwähnten Schlankheitskur gemacht. Die Möglichkeit, dass Maria Callas' Diät einen Mangel an gewissen Nährstoffen verursachte, ist denkbar. Während der Besatzung Griechenlands durch Italien und Deutschland im Zweiten Weltkrieg bestand Mangel an nahrhaften Lebensmitteln. Somit könnte es durchaus sein, dass dieser Mangel an Vitaminen, Kalzium und anderen wesentlichen Mineralien, die für das Wachstum des Körpers und der zellulären organischen Gesundheit einer Heranwachsenden so notwendig sind, Callas' Körper geschwächt hat. Aus Biografien wissen wir, dass Callas regelmäßig unter einer Vielzahl von Krankheiten wie Gelbsucht, geschwollenen Beinen und Füßen, Depression und allergischen Reaktionen litt. Es gibt auch Beweise für ein frühes Klimakterium, das auf einen gestörten Hormonhaushalt hindeuten könnte. Einige dieser Probleme könnten, allein oder auch in Kombination miteinander, das Singen anstrengend und ermüdend gemacht haben.

Nichtsdestotrotz: Aus funktionaler Sicht ist die These, dass Callas' Gewichtsverlust zu ihrem stimmlichen Untergang geführt habe, nicht nachzuvollziehen. Wir können bei vielen Sängerinnen und Sängern beobachten, dass sie erheblich an Gewicht verloren haben, ohne dass ihre Stimmen Einbußen an Umfang, Tonqualität oder Ausdauer erlitten. Dagegen singen zahlreiche kräftige Sängerinnen und Sänger, die keine Gewichtsreduzierung vorgenommen haben, nicht gut, und ebenso viele mit starken und gesunden Stimmen sind nicht übergewichtig. Daraus kann man schließen, dass das Gewicht und das Körpervolumen eines Sängers keinen Einfluss auf korrekte

[134] Vgl. Stassinopoulos, Arianna: *Maria Callas: The Woman Behind the Legend,* London 1980.

Stimmtechnik oder gesunde funktionale Mechanik haben; vitale Gesundheit in Körper und Geist dagegen besitzt beträchtlichen Einfluss.

Die Pflege einer jungen Stimme

Maria Callas' Stimmbildung und ihre Karriere verdeutlichen für jeden Lehrer in außergewöhnlicher Weise, welche Gefahren mit der Auswahl geeigneter Repertoirestücke für Stimmen von Persönlichkeiten wie die Callas verbunden sind. Cornelius Reid findet dazu weise Worte:

> *Durchgängig durch alle Stadien des Studiums müssen beharrliche Anstrengungen unternommen werden, um den Konflikt zwischen Ausdrucksfähigkeit und Technik zu lösen. Hier ist der Lehrer der Führende, aber diese Führung muss von einem intelligenten Verständnis begleitet werden. Die Konflikte zwischen der Ausdrucksfähigkeit und der Technik sind zahllos. Grundsätzlich haben diese Konflikte mit den künstlerischen Absichten eines Sängers zu tun, dem es noch an technischen Mitteln mangelt. In solchen Fällen überschätzt sich der Schüler und sollte deshalb gebremst werden.*[135]

Um den Charakter einer Rolle und den Text einer Oper oder eines Liedes darstellen zu können, ist ein gesundes Einfühlungsvermögen unbedingt notwendig. Einigen Sängern scheint diese Gabe angeboren zu sein. Sobald aber diese besondere Gabe allein durch Temperament und ohne ausreichendes technisches Können übertrieben eingesetzt wird, führt dies sehr häufig bei eigentlich musikalisch begabten Sängern zu stimmlichen Schwierigkeiten. Wir Lehrer müssen darauf achten, dass unsere jungen Sänger das Repertoire erlernen, das innerhalb und nicht außerhalb ihres erreichbaren Tonumfangs und emotionalen Einfühlungsvermögens liegt. Hätte jemand beispielsweise vor, einer 15-jährigen Sängerin die Rolle der Santuzza aus der Oper *Cavalleria Rusticana* zuzumuten, ließe dies nur den Schluss zu, er wolle mit diesem Vorhaben das junge Mädchen pervers ausnutzen, was an die Lolita-Figur aus dem Roman von Vladimir Nabokov erinnert.[136]

[135] Reid, Cornelius L.: *The Free Voice: A Guide to Natural Singing,* New York 1971, S. 122.

[136] Der Roman *Lolita* von Vladimir Nabokov zählt zu den bedeutendsten des 20. Jahrhunderts. Humbert zwingt seine zwölfjährige Stieftochter Dolores (Lolita) zu einer zweijährigen Reise durch die USA, bei der er sie als seine Tochter ausgibt. Sie leben für mehrere Jahre in einer zunehmend gewaltsamen sexuellen Beziehung, aus der Dolores schließlich fliehen kann.

Wenn ein Lehrer seine Methodik einem Laien klar, vernünftig und umfassend erklären kann, dann wird er seinen Schülern Grundlagen vermitteln, die ihnen auch in anderen Lebensbereichen helfen können. 23 Jahre Lehrerfahrung haben mir geholfen herauszufinden, dass viele Sänger diesen Beruf aufgrund falscher Vorstellungen wählen. Sie dürsten nach Aufmerksamkeit, elterlicher Bestätigung, soziale Anerkennung und erliegen falschen Vorstellungen und unrealistischen Hoffnungen auf Ruhm und Vermögen. Wenn ein Sänger keine außergewöhnliche Liebe zur Musik und zum lyrischen Ausdruck besitzt, die von dem zwingenden Bedürfnis begleitet werden, sich selbst hinzugeben und seine Stimme in der Öffentlichkeit zu zeigen, dann ist das Anstreben einer Gesangskarriere fragwürdig. Sogar einige der außergewöhnlich begabten Sänger sollten manchmal besser der öffentlichen Bühne fern bleiben und diese Kunstform nur zu ihrem eigenen Vergnügen betreiben, weil sie sich dann beim Singen besser fühlen und ein größeres Selbstbewusstsein entwickeln können, das dem Körper erlaubt, Geist und Intellekt zu verbinden und die kreative Herausforderung des Singens zu nutzen.

Psychologische Therapien werden schon lange nicht mehr ausschließlich bei Geisteskranken angewandt. Heutzutage suchen viele Menschen Hilfe bei Therapeuten für sich selbst und ihre Familien. Zeigt ein Sänger über mehrere Monate trotz stimmfunktionaler Verbesserungen emotionale Probleme, dann ist es zu empfehlen, einen Therapeuten oder einen Vertreter einer Religionsgemeinschaft zur Beratung hinzuzuziehen. Meine Erfahrung hat gezeigt, dass Therapie und funktionale Stimmbildung sich gegenseitig befruchten. Cornelius Reid beschreibt, wie psychologische Faktoren innere Spannung und Hemmungen lösen können:

> *Die richtige Stimulation der Stimmmuskulatur durch ein konstruktives Training löst aufgrund der daraus resultierenden Eliminierung von Kehlverengung und anderen Atmungsverspannungen sowohl die muskulären Behinderungen, die sich im Stimmmechanismus zeigen, als auch die versteckte Angst, die diese Verspannungen verursacht hat.*[137]

Gesangslehrer müssen absolute integer sein, um den Versuchungen durch Vorurteile und vorgefertigte Gesangsunterrichtskonzepte zu widerstehen. Gleichgültig, wie viele Jahre es dauert, Lehrer sollten die Persönlichkeit des Schülers, die technische Entwicklung des Instruments, die Registerbalance

[137] Reid, Cornelius: *Voice: Psyche and Soma*, New York 1995, S. 283.

und die Erhaltung stimmlicher Gesundheit ohne Hoffnung auf eigenen Ruhm fördern und auf übersteigerte ehrgeizige Ziele verzichten. Wenn diese Voraussetzungen im Unterricht erfüllt sind, kann der Schüler nicht nur sich selbst, sondern auch die Wahrheit über seine Stimme, ihre Stärken und ihre Schwächen besser kennen lernen. Wenn ein solch geschulter Sänger auf der Bühne steht, kann er mit positivem Selbstvertrauen sein künstlerisches Talent verschwenderisch im Repertoire einsetzen, so dass es sowohl seinem stimmlichen Können als auch seinem Temperament entspricht.

Im Unterricht geht es immer um den Schüler und nicht um den Lehrer! Gesangsschüler benötigen für ihre Entwicklung ein gesundes Maß an Skepsis gegenüber Lehrern, die auf den Erfolg ihres Schülers spekulieren. Solche Lehrer schmeicheln zwar dem Ego des Schülers, indem sie nur seine stimmlichen Stärken wie ästhetische Tonqualitäten oder Ausdrucksstärke rühmen, aber nicht die Schwächen seiner Stimmfunktion korrigieren. Sie ermutigen den Sänger, sich zu früh öffentlich zu präsentieren, um sich selbst im Ruhm des Schülers zu sonnen. Wenn die Stimme eines Schülers bei einer Aufführung versagt, sucht ein solcher Lehrer die Schuld bei dem Schüler, ohne ihm eine pädagogische Begründung oder Lösung für sein Stimmproblem anzubieten.

Schüler, die einen solchen Unterricht durchlaufen haben, sind wegen ihrer Stimmprobleme oftmals ein ganzes Leben lang frustriert, verlassen verfrüht die Bühne, zerstören ihre Stimme und manchmal auch sich selbst. Leider entschließen sich viele Sänger, die die Bühne enttäuscht verlassen haben, zu unterrichten, und lehren eben die Methoden, die zum frühen Untergang ihrer Stimme geführt haben!

Maria Callas gehörte genau in diese Lehrer-Kategorie, hatte sie doch den eigenen Ruhm mehr in Sinne als die Förderung der ihr anvertrauten Studenten. Zusätzlich übernahm sie auch die hyperkritische Einstellung ihrer Lehrerkollegen gegenüber anderen Sängern, eine Einstellung, die das Ansehen des Berufs der Gesangslehrer für Jahrhunderte geschädigt hat. Callas' Anweisungen und Kommentare in der Juilliard-Meisterklasse sind ein Beispiel hierfür. Kein Schüler konnte je ihren Ansprüchen gerecht werden. Callas' musikalische Vorstellungskraft sprudelte, war brillant und intuitiv. Wäre sie in der Lage gewesen, ihre musikalische Vorstellung durch höheres technisches Können und Beherrschung ihrer Emotionen besser und über Jahrzehnte hinweg auszudrücken, dann hätte sie das übertriebene Lob ihres Publikums noch weit übertroffen und wäre eine hervorragende und selbstlose Lehrerin gewesen. Jeder Sänger sollte realisieren, dass er selbst die Wahl hat, ob sich sein persönliches und künstlerisches Schicksal unter besten Voraussetzungen erfüllt.

Über Korrepetitoren

Man hört nicht oft von Sängern, die Instrumentalisten anweisen, wie sie ihr Instrument zu spielen hätten. Aber es gibt eine enorme Anzahl von Korrepetitoren und Pianisten, die glauben, dass es ihre Aufgabe sei, Sängern nicht nur zu sagen, wie sie singen sollen, sondern auch wie sie ihre Stimmfehler korrigieren sollen. Außer, wenn der Korrepetitor ein ausgezeichneter Gesangslehrer ist, ist die Annahme, dass er des Sängers Stimme verbessern könnte, eine Fehleinschätzung. Das Ziel der Korrepetition soll, je nach Ausbildungsstand des Sängers, allein die Korrektur musikalischer Fehler, der Artikulation verschiedener Sprachen, des dynamischen Ausdrucks und der Phrasierung sein. Die emotionale Absicht eines vorgegebenen Sologesangstücks muss vom Sänger selbst aus seinem inneren Verständnis des Textes und der musikalischen Linie erfasst werden. Reine Nachahmung ist nicht Aufgabe eines Künstlers. Ein aufgeschlossener Korrepetitor ist sein Geld wert, aber es gibt nur wenige, die musikalisch vorurteilslos sind. Die Gesangsliteratur kennt verschiedenste Interpretationsmöglichkeiten, aber die meisten Drama- und Opernliebhaber bevorzugen nur eine, höchstens zwei Arten von Interpretation.

Der Bühnenbetrieb muss sich ändern

Selbst wenn unsere heranwachsenden Berufsänger hervorragende technische Fähigkeiten, ein beeindruckendes Repertoire, schauspielerische und sprachliche Fähigkeiten für das Erreichen ihrer Ziele mitbringen, schafft der Opern- und Konzertbetrieb keine Atmosphäre, in der Verletzlichkeit, experimentelle Proben und Aufführungen möglich sind. Das Verhalten vieler Sänger und ihrer Lehrer, die glauben, dass Gesang ein Wettbewerbssport sei, wobei der Schwerpunkt mehr auf der Anzahl gewonnener Wettbewerbe liegt als auf der aufrichtigen Verpflichtung zur Kunstform, ist abschreckend.

Stiftungen und Institutionen sollten die Altersbegrenzungen bei Gesangswettbewerben ändern, dies würde eine Gesellschaft widerspiegeln, die länger und gesünder lebt. Und es würde außergewöhnlichen Talenten erlauben, sich für die Stimmentwicklung Zeit zu nehmen und ihre Karriere lange zu erhalten. Eine gute Stimme ist eine gute Stimme. Eine dem Talent entsprechende Stimmtechnik ist oft erst ausgewogen, wenn der Sänger nicht 30, sondern eher 40 Jahre alt ist. Antiquierte Ansichten wie *Soloauftritte im heranwachsenden Alter sind für die Berufslaufbahn wichtig* oder *Sänger gehören mit 25 oder 26 Jahren schon zum alten Eisen, wenn sie sich bis dahin keine Karriere aufgebaut haben* oder *Mit einem berühmten Sänger zu arbeiten, garantiert den Eintritt in das berufliche Sängerleben* behindern in jeder Weise eine gute Sängerkarriere.

Die vorgeschlagene Altersänderung sollte nicht nur von Managern, Agenten und Regisseuren, sondern von allen, die mit Sängern arbeiten, gefordert werden, um die Kunst höher als das Image zu stellen. Marketing-Strategien sind zwar wichtig für den Bekanntheitsgrad eines talentierten Sängers, stehen aber der Kunst an sich entgegen und stärken nur das Image.

Vorbilder

Es ist bei jungen Menschen üblich, dass sie unter berühmten Sängern nach Vorbildern suchen und diesen nacheifern. Deshalb ist es unerlässlich, dass der Gesangslehrer dieses Bestreben in Bahnen lenkt und dem Schüler hilft, sich mit freien Stimmen zu identifizieren und eine hervorragende Leistung zu erbringen, ohne zu imitieren. Es ist einleuchtend, dass kein Sänger alle Rollen singen und jeden Musikstil interpretieren kann. Es gibt keine perfekte Stimme. Es gibt große Künstler, Maria Callas ausgenommen, die sich seit ihrer Jugend ihre beachtenswerten Gesangsfähigkeiten jahrzehntelang bis in ihr späteres Alter hinein erhalten und die unterschiedlichsten Rollen und ein vielfältiges Repertoire gesungen haben. Mirella Freni und Magda Olivero sind zwei solche Beispiele. Beide Sängerinnen sangen ein Repertoire, das vom leichten lyrischen bis zum jugendlich-dramatischen (Spinto-Rollen) und dramatischen Sopranfach reichte, was ihnen erlaubte, der Steigerung des Rollenfachs entsprechend, ihre Stimme reifen zu lassen. Magda Olivero, geb. 1912, sang bis in die 80er-Jahre. Sie war eine außergewöhnliche Schauspielerin, und viele Dirigenten und Operndirektoren bezeichneten sie als eine der besten Verismo-Künstlerinnen ihrer Zeit. Mirella Freni sang im Alter von 64 Jahren noch Hauptrollen an der Met. Aus der Zeit, als beide Frauen Mitte 50 und Anfang 60 waren, existieren Aufnahmen, auf denen ihre Stimmen mehr Vitalität besitzen und jünger und gesünder klingen als die Stimme der Callas in ihren späten 20er- und frühen 30er-Jahren.

Diese beiden Weltklasse-Sängerinnen sollten keine Ausnahmeerscheinung in der Opernwelt sein. Stimmwissenschaftler sollten untersuchen, was an Freni und Olivero so einzigartig ist, und ihren Gesang mit jüngeren Sängern vergleichen, deren Stimme versagte, bevor sie 40 Jahre alt waren. Dabei ist natürlich zu bedenken, dass Sänger und ihr Gesang nicht in wissenschaftlichen Gleichungen ausgedrückt werden können. Bis wir diese Ergebnisse vorliegen haben, wäre es für Gesangslehrer vielleicht ratsam, sich selbst mit den Schriften und exakten Beobachtungen von Cornelius Reid auseinanderzusetzen, der alle diese oben genannten Kriterien eines guten Lehrers erfüllte und ohne Hilfe eines voll ausgestatteten Labors über 65 Jahre mit scharfer Auffassungsgabe unterrichtete.

Es gibt kein größeres Elend für einen Sänger, als die Stimme, das Instrument seiner künstlerischen Ausdrucksmöglichkeit, zu verlieren. Diejenigen unter uns, die dieses Schicksal teilen, wenn vielleicht auch nur zeitweise, können die Enttäuschung, die Seelenqual und die Sehnsucht nach einer funktionierenden Stimme bezeugen. Keiner von uns kann sich das Ausmaß an Bestürzung bei Maria Callas vorstellen, als sie auf dem Höhepunkt ihrer Opernkarriere ihre Stimme vor dem Publikum verlor, welches ihr bisher mit Hochachtung begegnet war. Sie ist nicht die erste Sängerin, noch wird sie die letzte sein, deren Ruhm und Temperament stimmliche Unausgewogenheiten überdecken. Ungeachtet dessen werden gewissenhafte Lehrer ihre Schüler von dieser Katastrophe bewahren und sie in ein erfülltes Leben sängerischer Selbstäußerung führen. Dies erreichen sie bei ihren Schülern durch Geduld und Respekt vor der natürlichen Stimmreaktion auf sinnvolle Pädagogik.

Schlusswort

Reids Stimmbildungskonzept kam durch seine eigenen Studenten, die an deutschen Opernbühnen engagiert waren und noch sind, erstmals nach Deutschland. 1985 wurde der erste Kurs in funktionaler Stimmbildung von Reid in Deutschland angeboten. Viele seiner Bücher[138] waren inzwischen in mehrere Weltsprachen übersetzt und veröffentlicht worden – nur in Deutschland war bis zu diesem Zeitpunkt noch kein einziges Werk von ihm erschienen.

Nach der Publikation seines gerade neu verfassten Manuskripts *Vocal Exercises: their Purpose and Dynamics*, das unter dem deutschen Titel *Funktionale Stimmentwicklung* 1994 in der Übersetzung von Leonore Blume und Margaret Peckham bei Schott in Mainz verlegt wurde, kam Cornelius Reid alljährlich bis 2004 zu Meisterkursen für funktionale Stimmtechnik (*Free the Voice*) nach Deutschland.

Für die vielen Gesangspädagogen unter den Kursteilnehmern hat sich dies als sehr wertvoll erwiesen, da über die Jahre hinweg immer mehr detailliertes Hintergrundwissen vermittelt, vertieft und funktionales Hören trainiert werden konnte. Es ist zwar gut zu wissen, wie Register arbeiten, aber es ist unerlässlich erkennen zu können, wie die Registerarbeit sich in den Klangergebnissen widerspiegelt.

Das geübte Hören, das man zur Entwicklung und Integration der Register benötigt, ist eine Fähigkeit, die man im Laufe von Jahrhunderten durch fortwährende empirische Beobachtungen gewonnen hat. Das Ohr war darauf eingestimmt, verschiedene Registergleichgewichte zu erkennen. Diese Art zu hören war ganz besonders in der Belcanto-Ära allgemein verbreitet und ist für die heutige Gesangspädagogik durch Cornelius Reid, den geistigen Vater des Begriffs „funktionale Stimmentwicklung", wieder neu entdeckt worden.

Um dieses funktionale Hören intensiver trainieren zu können, finden nach wie vor jedes Jahr in den verschiedensten Städten Europas die Kurse *Free the Voice* statt. Sie stehen zwar jetzt nicht mehr unter der Leitung von Reid selbst, sondern von Carol Baggott-Forte, einer kanadischen Musikpädagogin und Opernsängerin, die sich durch die Vermittlung funktionaler Stimmbildung in Meisterkursen in Kanada, Großbritannien und anderen europäischen Ländern einen Namen gemacht hat. Bekannt wurde Carol Bagott-Forte auch durch die in diesem Buch ins Deutsche übersetzte Abhandlung *Could Maria Callas' Voice Have Been Saved?* (Hätte man die Stimme von Maria Callas

[138] Vgl. Literaturverzeichnis im Anhang.

retten können?), die erstmals in der Festschrift zu Reids 90. Geburtstag im Jahr 2002 in USA erschien. Ein neues Buch *When Singing Hurts* (Wenn Singen weh tut) befindet sich in Vorbereitung.

Informationen über die Kurse erhalten Sie durch die Übersetzerinnen – Anfragen richten Sie bitte an den Verlag.

Leonore Blume und Margaret Peckham

Anhang

Literatur

Ardoin, John: *Callas at Juilliard – The Master-Classes*, New York 1987.

Austin, Stephen F.: *Confession of a Golf-Playing Voice Scientist*, in: *Australian Voice*, Vol. 4, 1998.

Baggott-Forte, Carol: *Could Maria Callas' Voice Have Been Saved?*, in: *The Modern Singing Master*, hg. von Ariel Bybee und James E. Ford, Maryland 2002.

Baken, Ronald J.: *An Overview of Laryngeal Function for Voice Production*, in: *Vocal Health and Pedagogy*, San Diego und London 1998.

Blume, Leonore/Peckham, Margaret: *Die Wiederentdeckung der Belcanto Technik*, in: *Das Orchester*, Mainz, November 2001.

Bontempi, Cf.: *Historia Musica*, Perugina 1695.

Bunch, Meribeth: *Dynamics of the Singing Voice*, Wien und New York 1982.

Bybee, Ariel/Ford, James E.: *The Modern Singing Master-Essays in honour of Cornelius Reid*, Maryland 2002.

Callas, Maria: *The Masterclasses at Juilliard*, EMI-Disk 658022-1.

Callas, Maria: *The Masterclasses at Juilliard*, EMI-Disk 658022-2.

Clippenger, David Alva: *The Head Voice and Other Problems*, Boston 1917.

Corri, Domenico: *The Singer's Preceptor*, London 1811, Nachdruck in: *The Porpora Tradition*, hg. von Edward Foreman, *Masterworks on Singing, Volume III*, Minneapolis 1968.

Di Carlo, Nicole Scotto: *Perturbing Effects of Overarticulation*, in: *Singing, Journal of Research in Singing*, 1979.

Duey, Philip A.: *Bel Canto in its Golden Age*, New York 1980.

Ferranti, Taylor L.: *A Historical Approach to Training – The Vocal Registers: Can Ancient Practice Foster Contemporary Results?* Diss. Louisiana State University 2004.

Garcia, Manuel: *The Art of Singing I*, Boston ca. 1855; siehe auch: *Traité complet de l'art du chant*, Mainz o. J.

Garcia, Manuel: *Garcia's Schule oder Die Kunst des Gesanges*. Neu, in abgekürzter Form hg. von F. Volbach, Mainz 1909.

Gove, Philip B.: *Webster's Third International Dictionary*, Springfield 1971.

Gray, Giles Wilkeson/Wise, Claude Merton: *The Bases of Speech*, New York und Evanston 1959.

Grout, Donald A.: *A History of Western Music*, New York 1980.

Hamilton, David: *Metropolitan Opera Encyclopedia*, New York 1987.

Hawking, Stephen: *A Brief History of Time*, New York 1988.

Hirano, Minoru/Kirchner, John A./Bless, Diane M.: *Neurolaryngology, Recent Advances*, San Diego, CA 1991.

Hollien, Harry/Brown, Oren/Weiss, Rudolf: *Another View of Vocal Mechanics: Journal of Singing*, Vol. 56, No. 1, September/Oktober 1999.

Holmes, Gordon: *The Science of Voice Production and Voice Preservation*, New York 1880.

Husler, Frederick/Rodd-Marling, Yvonne: *Singen, die physische Natur des Stimmorgans*, Mainz 1978.

MacKenzie, Sir Morell, M. D.: *The Hygiene of the Vocal Organs (A Practical Handbook for Singers and Speakers)*, Belmar und New Jersey 1928.

Mamet, David: *True and False*, New York 1997.

Mancini, Giambattista, in: *Practical reflections on the Figurative Art of Singing* (Mailand 1776), Boston 1912.

Mancini, Giambattista: *Practical Reflections on Figured Singing*, Ausgaben von 1774 und 1777 verglichen und hg. von Edward Foreman: *Masterworks on Singing, Vol. VII*, Champaign, IL 1967.

Mancini, Gimbattista: *Riflessioni Pratiche Sul Canto Figurato*, Biblioteca di cultura musicale Numero Cinqui, Canto e Bel Canto S. 93–228 con un appendice de A. della Corte, Torino, 1933, S. 142f.

Manfredini, Vincenzo: *Regole Armoniche o sieno Precetti Ragionati per apprender la musica*, Venedig 1797.

Marcello, Benedetto: *Il teatro alla modo*, Venedig 1721.

Miller, Donald G./Doing, James: *Male Passaggio and the Upper Extension in the Light of Visual Feedback*, in: *Journal of Singing*, Vol. 54, No. 1, März/April 1998, S. 10.

Miller, Richard: *Historical Overview of Vocal Pedagogy*, in: *Vocal Health and Pedagogy*, San Diego und London 1998.

Nathan, Isaac: *Musurgia Vocalis*, London und Fentum 1836.

Netter, Frank, H.: *Atlas der Anatomie des Menschen*, Stuttgart und New York 2000.

Paget, Sir Richard: *Human Speech*, New York 1930.

Palmer, John M./La Russo, Dominic: *Anatomy for Speech and Hearing*, New York 1965.

Reid, Cornelius L.: *Bel Canto, Principles and Practices*, New York 1950, 1971.

Reid, Cornelius L.: *The Free Voice: A Guide to Natural Singing*, New York 1965, 1971.

Reid, Cornelius L.: *Voice: Psyche and Soma*, New York 1975.

Reid, Cornelius L.: *A Dictionary of Vocal Terminology*, New York 1983.

Reid, Cornelius L.: *Essays on the Nature of Singing*, Huntsville 1992.

Reid, Cornelius L.: *Funktionale Stimmentwicklung – Grundlagen und prakti-*

sche Übungen, Übersetzung von Leonore Blume und Margaret Peckham, Mainz 1994, 2001, 2005.

Reid, Cornelius L.: *Voice Science – An Evaluation*, in: *Australian Voice*, Vol. 11, 2005.

Rulnick, Rhonda K./Heuer, Reinhardt J./Perez, Kate S./Emerich, Kate A./Sataloff, Robert Thayer: *Voice Therapy*, in: *Vocal Health and Pedagogy*, San Diego und London 1998.

Sataloff, Robert Thayer: *Clinical Anatomy and Physiology of the Voice*, in: *Vocal Health and Pedagogy*, San Diego und London 1998.

Sataloff, Robert Thayer: *Physical Examination*, in: *Vocal Health and Pedagogy*, San Diego und London 1998.

Sataloff, Robert Thayer: *Use of Instrumentation in the Singing Studio*, in: *Vocal Health and Pedagogy*, San Diego und London, 1998.

Sataloff, Robert Thayer: *Vocal Health and Pedagogy*, San Diego und London 1998.

Sataloff, Robert Thayer: *The Human Voice*, in: *Scientific American*, Dezember 1999.

Stanley, Douglas: *The Science of Voice*, New York 1929.

Stark, James: *Bel Canto, A History of Vocal Pedagogy*, Toronto 1999.

Stassinopoulos, Arianna: *Maria Callas: The Woman Behind the Legend*, London 1980.

Sundberg, Johan: *The Science of the Singing Voice*, Northern Illinois 1987.

Tiedge, Tobias Dominic: *Belcanto – Die vergessene Methode? Eine Betrachtung unter besonderer Berücksichtigung funktionaler Prinzipien nach Cornelius L. Reid*, Manuskript, Hannover 2006.

Titze, Ingo R.: *Principles of Voice Production*, New Jersey 1994.

Titze, Ingo R.: *Lip and Tongue Trills – What do they do for us?*, in: *Journal of Singing*, Januar/Februar 1996.

Titze, Ingo R.: *Acoustic Interpretation of Resonant Voice*, in: *Journal of Voice*, Vol. 15, No. 4, 2001, S. 520.

Tosi, Pier Francesco: *Opinioni de' cantori antichi e moderni* (1723), in: *Observations on the Florid Song*, hg. von Michael Pilkington, London 1987.

Tosi, Pier Francesco: *Opinioni de' cantori antichi e moderni, o sieno osservazioni sopra il canto figurato*, Bologna 1723, Faksimile-Nachdruck New York 1968.

Wyke, B.: *Neurological Aspects of Phonatory Control Systems in the Larynx*, in: *Transcripts of the Eighth Symposium: Care of the Professional Voice*, Part II., New York 1979.

Zemlin, Willard R.: *Speech and Hearing Science, Anatomy & Physiology*, New Jersey 1988.

Personenregister

Austin, Stephen F. (*1953) *amerik. Sänger und Stimmwissenschaftler*
Bernacchi, Antonio (1690–1756) *ital. Sänger (Sopran-Kastrat)*
Bontempi, Giovanni Andrea (um 1624–1705) *ital. Kastrat, Theoretiker u. Komponist*
Caffarelli, Gaetano Majorano (1710–1783) *ital. Sänger (Sopran-Kastrat)*
Callas, Maria (1923–1977) *bedeutende Opernsängerin des 20. Jahrhunderts*
Corri, Domenico (1746–1825) *engl. Sänger u. Gesangspädagoge*
Di Carlo, Nicole Scotto (1946–1979) *Direktor des Inst. für Stimmforschung in Marseille*
Dyer-Bennet, Richard (*1913) *amerik. Gesangspädagoge*
Farinelli, eigentlich Carlo Broschi (1705–1782) *berühmter ital. Sänger (Kastrat)*
Ferri, Baldassare (1610–1689) *ital. Sänger (Kastrat)*
Ffrangcon Davies, David Thomas (1855–1918) *brit. Sänger*
Garcia, Manuel (1805–1906) *span. Sänger u. Gesangspädagoge*
Holmes, Gordon (1856–1924) *Laryngologe*
Jeans, Sir James (1877–1946) *brit. Physiker*
La Russo, Dominic Anthony († 2001) *amerik. Prof. für Rhetorik*
Lamperti, Francesco (1811–1892) *ital Gesangspädagoge*
Mancini, Giovanni Battista (Giambattista) (1714–1800) *ital. Sänger*
Manfredini, Vincenzo (1737–1799) *Komponist u. Musiktheoretiker*
Marchesi, Mathilde (1821–1913) *dt. Gesangspädagogin*
Miller, Richard (1925–2009) *amerik. Gesangspädagoge*
Myer, Edmund J. (1886–1943) *Gesangspädagoge*
Nathan, Isaac (1791–1865) *engl.-austral. Musiktheoretiker*
Palmer, John M. *amerik. Philosoph*
Pistocchi, Francesco Antonio Mamiliano (1695–1726) *ital. Komponist, Kastrat u. Gesangspädagoge*
Porpora, Nicola Antonio (1686–1768) *ital. Komponist u. Gesangspädagoge*
Reid, Cornelius Lawrence (1911–2008) *amerik. Sänger u. Gesangspädagoge*
Scripture, Edward W. (1864–1917) *brit. Physiker u. Arzt*
Stanley, Douglas (1890–1959) *amerik. Gesangspädagoge*
Sundberg, Johan (*1936) *schwed.-engl. Stimmwissenschaftler*
Titze, Ingo R. *Stimmwissenschaftler, Gesangslehrer u. Autor*
Tosi, Pier Francesco (ca. 1653/54–1732) *ital. Sänger (Kastrat)*
Wyke, Barry *amerik. Neurologe*

Glossar

Bruch	• Es gibt zwei Brüche, den so genannten ersten Bruch, der den Pädagogen des 20. Jahrhunderts vertraut ist, und den anderen zweiten, der ungefähr eine Oktave höher lokalisiert ist. • Es kann nicht genügend betont werden, dass der die Register spaltende Bruch, von dem Tosi, Mancini und andere sprechen, der Bruch ist, den man heutzutage als ersten Bruch in der Frauenstimme bezeichnet.
Brustregister	• ist die hörbare Entsprechung der physikalischen Abmessung des Stimmlippenzustandes im unteren Tonbereich (F – e'). • ist allein das Spannungsergebnis der Stellknorpel-Muskulatur, die mit keinem oder kleinem Ring-Schildknorpel-Muskelwiderstand das Brustregister hervorruft. • Register der menschlichen Stimme mit überwiegender Brustresonanz und dunklem, vollem Klang, dicke Stimmlippen, schwingen in ganzer Breite mit großer Amplitude!
Cantatrice	• Frauen-Sopran in der Belcanto-Ära.
Falsett	• ist die vorgetäuschte Stimme. • ist die hörbare Entsprechung der physikalischen Abmessung des Stimmlippenzustands im mittleren Tonbereich (h – h'). • ist allein das Spannungsergebnis der Ring-Schildknorpel-Muskulatur ohne Beteiligung des Stellknorpel-Muskelsystems. • ist ein Register mit ständig offener Glottis, sehr dünnen Stimmlippen, die mit sehr kleiner Amplitude am Stimmlippenrand schwingen.

Formant	• Eigenton eines Resonators; stärkste Teiltongebiete eines Vokalspektrums; im Vokaltrakt sind mehrere Formanten gleichzeitig möglich; ist bestimmend für die Klangfarbe.
Funktionale Kontrolle	• geschieht durch unterschiedliche Kombinationen der drei Basiselemente Tonhöhe, Lautstärke und Vokal.
Kastrat	• Männer-Sopran in der Belcanto-Ära.
Klangvorstellung	• Vorgestellte Vorprogrammierung des Vokaltrakts, um Phonation einzuleiten. • Die prä-phonatorische Einstellung, die auf neurologische Stimuli reagiert, bewirkt die reflektorische Annäherung der Stimmfalten und die Einstellung des Vokaltrakts, bevor eine Bewegung von Luft unter der Glottis stattfindet.
Kopfstimme	• Koordination von Brustregister mit überwiegender Beteiligung des Falsettregisters und das Ergebnis des Widerstandes, den das Stellknorpel-Muskelsystem dem Zug des Ring-Schildknorpel-Muskelsystems entgegensetzt. • ist die hörbare Entsprechung der physikalischen Abmessung des Stimmlippenzustands im oberen Tonbereich ($c^2 - f^3$). • Register mit überwiegender Kopfresonanz und hellem Klang; dünne Stimmlippen, schwingen nur am mittleren Rand mit kleiner Amplitude.
Lautstärke	• Empfindung der Schallstärke abhängig von der Schwingungsweite.
M. (lat. Musculus)	• Muskel.

M. posticus	• M. crico-arytaenoideus posterior; Funktion: einziger Öffner der Glottis (setzt auch an den Aryknorpeln an).
M. vocalis	• Stimmlippe.
Messa di voce	• stufenlose Lautstärkebewegung (crescendo und decrescendo).
Mm. (lat. *musculi*)	• Muskeln (Plural).
Mm. arytaenoidei oder Stellknorpel-Muskulatur	• Innere Kehlkopfmuskeln, die als Schließer der Stimmlippen bezeichnet werden; alle in diesem System an der Atmung und Stimmbildung beteiligten Muskeln setzen an den Aryknorpeln an: ○ M. vocalis = M. thyreoarytaenoideus, innerer Stimmlippenspanner. ○ M. transversus = M. arytaenoideus transversus, Schließer des unteren Teils der Stimmlippe. ○ M. lateralis = M. crico-arytaenoideus lateralis, Schließer des hinteren Teils der Stimmlippe.
Mm. cricothyreoidei	• Ring-Schildknorpel-Muskel = *äußerer* Kehlkopfmuskel und Stimmlippendehner; bewirkt durch seine Kontraktion eine Verlängerung der Stimmlippen, um die Tonhöhe zu regulieren; die Entspannung des M. cricothyreoideus bewirkt eine Stimmlippenverkürzung.
Öffner	• M. crico-arytaenoideus posterior oder M. posticus; Funktion: einziger Glottisöffner durch Zug am Processus muscularis des Aryknorpels nach hinten zur Körpermitte.

reflektorisch	• Eine durch einen äußeren Reiz ausgelöste unwillkürlich ablaufende Muskelkontraktion.
Reflex	• Durch einen Reflex bedingter unwillkürlicher Vorgang.
Registerausgleich	• ist die Koordination der Wechselbeziehung zweier Muskelsysteme (Register), die von der Präzision abhängt, mit der die Teile des inneren Kehlkopfmuskelsystems (Arytaenoid-Muskelsystems) sowohl untereinander als auch mit dem äußeren Stimmlippenspanner (M. cricothyreoideus) zusammenspielen.
Register	• ist nach Douglas Stanley (1929) *das Verhältnis von Spannung zweier Muskelsysteme (Stellknorpel- und Ring-Schildknorpel-Muskelsysteme) untereinander; das Obergewicht einer Muskelgruppe über die andere bestimmt ein Register.* Folglich gibt es zwei und nur zwei Register in der menschlichen Stimme. • Nach der Definition von Manuel Garcia (1840) ist Stimmregister *eine durch einen Mechanismus erzeugte Serie aufeinander folgender homogener Klänge, die sich grundsätzlich von einer anderen Serie ebenso homogener Klänge unterscheidet, die aber von einem anderen Mechanismus erzeugt wurden.* • Innerhalb der zwei Register kann man aber drei unterschiedliche Klangcharaktere einer Reihe von Tönen wahrnehmen, die durch bestimmte Schwingungsarten der Stimmlippen erzeugt werden: die Vollschwingung der Stimmlippen (Brustregister), die Randschwingung der Stimmbänder (Falsett) und die Kombination aus beiden Registern (Kopfstimme).

Ring-Schildknorpel-Muskulatur oder Mm. cricothyreoidei	• cartilago cricoidea, vgl.: cricoideus ringförmig. • gehört zur Schluckmuskulatur und erzeugt bei alleiniger Aktivität ein hauchiges Klangergebnis (Falsett).
Schließer	• Alle als Schließer der Stimmlippen bezeichneten Muskeln, die an den Stellknorpeln verankert sind: ○ M. vocalis = M. thyreoarytaenoideus, innerer Stimmlippenspanner. ○ M. transversus = M. arytaenoideus transversus, Schließer des unteren Teils der Stimmlippe. ○ M. lateralis = M. crico-arytaenoideus lateralis, Schließer des hinteren Teils der Stimmlippe.
Stimmband	• Bindegewebsartiger Rand der Stimmlippe.
Stimmlippen	• sind untere Gewebefalten des Kehlkopfs, die der Phonation dienen; darin folgende Muskeln: ○ M. vocalis oder M. thyreo-arytaenoideus internus, ○ M. thyreo-arytaenoideus externus oder lateralis und ○ M. crico-arytaenoideus lateralis.
Stimmritze	• Glottis, Spalt zwischen den beiden Stimmlippen.
Stimulus	• Antrieb, durch einen Reiz ausgelöste Reaktion.
Tonqualität	• Klangeigenschaft, Klangfarbe, Beschaffenheit des Klangs.
Vokaltrakt	• Gesamter Stimmapparat = alle Räume, in denen die Luftsäule schwingt (Luftröhre, Kehlkopf, Rachen-, Nasen- und Mundraum).

Deutsche und englische Bezeichnung der Notennamen

Nr. der Klaviertastatur	Notenname (deutsch)	Notenname (englisch)	Frequenz in Hertz (Kammerton 440 Hz)	
21	F	F2	87,3071	
22	Fis/Ges	F#2/Gb2	92,4986	
23	G	G2	97,9989	
24	Gis/As	G#2/Ab2	103,826	
25	A	A2	110,000	
26	Ais/B	A#2/Bb2	116,541	
27	H	B2	123,471	
28	c	C3	130,813	
29	cis/des	C#3/Db3	138,591	
30	d	D3	146,832	
31	dis/es	D#3/Eb3	155,563	
32	e	E3	164,814	
33	f	F3	174,614	
34	fis/ges	F#3/Gb3	184,997	
35	g	G3	195,998	
36	gis/as	G#3/Ab3	207,652	
37	a	A3	220,000	
38	ais/b	A#3/Bb3	233,082	
39	h	B3	246,942	
40	c^1	C4 (Middle C)	261,626	

42	d^1	D4	293,665	
43	dis^1/es^1	D#4/Eb4	311,127	
44	e^1	E4	329,628	1. BRUCH
45	f^1	F4	349,228	
46	fis^1/ges^1	F#4/Gb4	369,994	
47	g^1	G4	391,995	
48	gis^1/as^1	G#4/Ab4	415,305	
49	a^1 Kammerton	A4 (concert pitch)	440,000	
50	ais^1/b^1	A#4/Bb4	466,164	
51	h^1	B4	493,883	
52	c^2	C5	523,251	
53	cis^2/des^2	C#5/Db5	554,365	
54	d^2	D5	587,330	
55	dis^2/es^2	D#5/Eb5	622,254	
56	e^2	E5	659,255	2. BRUCH
57	f^2	F5	698,456	
58	fis^2/ges^2	F#5/Gb5	739,989	
59	g^2	G5	783,991	
60	gis^2/as^2	G#5/Ab5	830,609	
61	a^2	A5	880,000	
62	ais^2/b^2	A#5/Bb5	932,328	
63	h^2	B5	987,767	
64	c^3	C6	1046,50	

Die Übersetzerinnen

Leonore Blume

Geb. 1948 in Diez/Lahn. Nach dem Abitur Gesangstudium an der Hochschule für Musik in Frankfurt/M. bei Gertrude Pitzinger, Jenö Bernat und Erika Schmidt-Potter; 1970 Stipendiatin der Aldeburgh-Festspiele in England. 1973 Konzertdiplom.

Freiberufliche Konzertsängerin mit Liederabenden und Oratorienkonzerten im In- und Ausland. Hinzu kommen viele Rundfunkaufnahmen und Einspielungen von Schallplatten und CDs. Ihr Repertoire umfasst ein breites Spektrum von Werken der Renaissance bis zu Uraufführungen der Moderne. Lehrtätigkeit in Gesang: zehn Jahre als Stimmbildnerin beim Hessischen Rundfunk und weitere 15 Jahre als Dozentin am Musikpädagogischen Institut der Johann Wolfgang Goethe-Universität, Frankfurt/M. sowie der Hochschule für Musik und Darstellende Kunst, Frankfurt/M.

Mitverantwortlich für die Organisation und Veranstaltung der jährlich stattfindenden Gesangsseminare *Free the Voice* in Frankfurt/M. mit Cornelius Reid und Carol Baggott-Forte von 1995 bis 2009 sowie für die Übersetzung und Koordination seiner in Deutschland öffentlich gehaltenen Vorträge.

Veröffentlichungen:

- *Funktionale Stimmentwicklung* von Cornelius Reid, Schott, Mainz 1994 (Übersetzung des Buches aus dem Amerikanischen ins Deutsche).
- *The influence of Cornelius Reid's Pedagogical Ideas on Voice Teaching in Germany,* in: *The Modern Singing Master,* Scarecrow Press 2002.

Margaret Peckham

Geb. 1939 in Hastings, England. Sie studierte Gesang an der Royal Academy of Music in London bei Astra Desmond und Marjorie Thomas. Drei Jahre hatte sie ein Engagement am Sadler's Wells Theatre (später English National Opera) und übte gleichzeitig eine Lehrtätigkeit in Gesang aus. Anschließend erhielt sie ein Stipendium für ein Studium in Deutschland; dort Spezialisierung auf Bach und Liedgesang bei Gertrude Pitzinger, Frankfurt/M. 1972 Konzertdiplom. 1972–1976 pädagogische Leiterin der Berlitz-Schule, Frankfurt und seit 1977 regelmäßig als Übersetzerin tätig. Von 1980–1998 Gesangspädagogin am Musikpädagogischen Institut der Universität Frankfurt und von 1998–2005 an der Frankfurter Hochschule für Musik und Darstellende Kunst. Eine rege Konzerttätigkeit führte sie durch ganz Deutschland, vor allem mit Programmen alter Musik wie auch der Moderne.

Mit ihrer Sopranisten-Kollegin Leonore Blume übersetzte sie Cornelius Reids Manuskript *Vocal Exercises* (Schott, Mainz 1994 unter dem Titel: *Funktionale Stimmentwicklung*). Seit 1995 betreut sie die *Free the Voice* Belcanto-Seminare – Gesangs-Meisterklassen von Cornelius Reid (bzw. seiner Nachfolgerin ab 2004, Carol Baggott-Forte), die an Dr. Hoch's Konservatorium in Frankfurt und in Bremen stattfinden.